Volume 02

DRAW.

Self Learning Magazine

여행을 그리다

지금 그리는 당신은 그림작가다.

 instagram @magazine_draw

KB199468

HWASIMHEON

여행을 그리다

지금 그리는 당신은
그림작가다.

02
volume

TRAVEL

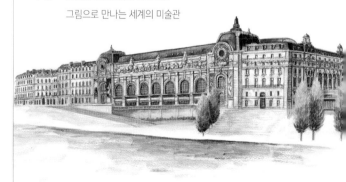

볼로냐 중앙역 이탈리아 중부의 교통 중심지 볼로냐는 세계적인 미식 도시로 볼로네제 파스타의 탄생지이다.
또한 매년 봄이되면 전세계 그림책 일러스트레이터들이 모이는 볼로냐 국제아동도서전이 열린다.

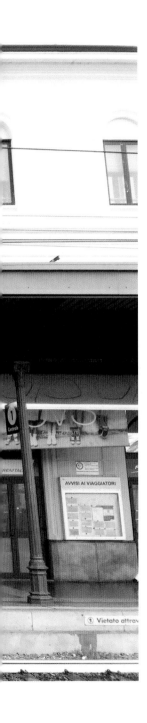

Travel is

"*The world is a book,*
and those who do not travel read only a page."

Saint Augustine

"세계는 한 권의 책이다.
여행하지 않는 사람은 책 한 페이지만 읽는 것과 같다."

성 아우구스티누스*

* 성 아우구스티누스(354~430) 로마의 신학자이자 철학자이다.

지금 나는 여행 중이다

여행 속에서 좋은 것을 찾아 나에게 선물처럼 주고
그 선물을 가지고 더 큰 선물을 만들 기회를 얻는 것
그 과정에서 나 자신이 행복해지는 것이다

이른 봄 이탈리아
싸늘한 밤바람에 진한 와인 한 잔이 나의 목에 뜨겁게 타들어 간다. 낯선 곳, 낯선
사람들, 광장에 잔잔하게 울려 퍼지는 음악을 들으며 평온한 내 감정에 빠져든다.
이 순간 지금, 까만 머리의 동양인인 나를 누가 알겠는가? 그래서 나는 너무나 자
유롭다.

우리는 여행할 때 왜 낯설고 새로운 곳을 가려고 하는가? 내가 생활하는 곳은 늘
익숙하지만, 그곳은 내게 수많은 결정과 의무적인 생각을 하게 한다. 여행하는 동
안 나는 가본 적 없는 낯선 장소와 낯선 풍경들 속에서 새롭고 나와 상관없는 것
들을 보면서 경험한다. 그리고 반복되는 의무, 규정짓는 생각을 벗어나 자유로운
상태로 시간을 보낸다. 그 시간에 나는 목적이나 이유를 생각하거나 결론을 내릴
필요가 없다. 오로지 수동적으로 몸과 마음을 움직인다.

여행하는 동안에는 아무것도 애쓰지 않아도 된다. 그래서 우리는 여행하는 그 시
간이 행복하다. 여행하는 시간은 내가 나의 좋은 감정을 찾아 그 감정과 공감하
는 시간이다. 오로지 나를 위한 것이다.

목적과 의무가 없는, 자유롭다고 내가 말하는 그 여행, 하지만 사실 나에게 여행
이란 아이러니하게도 목적이 있는 여행이다. 의무가 아닌, 욕구에 의한 목적 말
이다. 여행 속에서 좋은 것을 찾아 나에게 선물처럼 주고, 그 선물을 가지고 더 큰
선물을 만들 기회를 얻는 것. 그 과정에서 나 자신이 행복해지는 것이다.

여행하며 나는 많은 것을 경험하며, 보고, 듣고, 느낀다. 그리고 그릴 수 있는 새로운 소재를 만나게 되고 감동과 공감을 함께 받아 그곳의 기억을 가지고 내 자리로 돌아와 나는 그림을 그리게 된다. 그리고 또다시 새로운 소재, 새로운 감동을 찾아 여행한다. 가끔은 기억하는 곳, 그리웠던 곳을 다시 찾아 여행한다. 이 과정들이 나의 작업을 지속하게 만들고, 나의 여행을 계속하게 한다.

여행은 내게 자극을 주고, 열정을 주고, 도전과 희열을 느끼게 하는 동기가 된다. 결국 여행은 내가 스스로 선택한 나를 위한 길이다. 여행하는 그 길은 항상 낯설어서 설레고, 기대되고, 감동을 준다. 그리고 아쉬움을 남기고, 기억하게 하고, 그리워지게도 한다. 그래서 나는 여행을 다시 한다. 여행은 계속 반복된다.

나는 지금도 여행 중이고,
나는 여행에 의지하며, 지금도 여전히 그림을 그린다.

매거진 드로우가 그림을 그리는 당신에게 다양한 아이디어와 소재를 경험하게 하고, 작은 자극이 되는 여행 같은 동반자가 되어 당신의 작업이 지속되기를 바란다.

편집장 오정순

Atelier
of travel

옹플뢰르는 프랑스 노르망디 지방의 아름다운 항구도시이다. 시인 보들레르는 <여행의 초대>에서 잠자는 운하의
배들과 황금빛으로 물드는 노을을 노래했다. 그리고 보들레르가 노래한 그 빛을 그리기 위해 모네를 비롯한 인상파
화가들이 이곳에 모여들었다. 옹플레르 출신의 유명 작곡가 에릭사티의 짐노페디 1번 피아노 연주를 들으면서 항구
를 거닐어보자. 인상파 화가들과 시인 보들레르가 사랑한 옹플뢰르는 그때나 지금이나 변한 것이 없다.

Atelier
of travel

파리는 1853년부터 17년간
오스만 남작에 의해 새로운 도시로 변모한다.
화려한 외벽장식과 검은색 철로 쭉 연결된 발코니
45도 기울어진 푸른 지붕과 다락방 그리고 굴뚝까지
파리를 상징하는 이 건물을 사람들은
오스만 건물이라고 부른다.
100년 전 하인들이 살았던 건물 꼭대기층이
지금은 유명인들의 고급 주택으로 바뀌었다.
에펠탑이 바라보이는 햇살 가득한 파리의 오스만 건물을
무심하게 스케치해본다.

Atelier
of travel

도로의 끝에서 길을 따라 선이 연결되고 그 선을 따라 건물을 그린다.
어반스케치에서 투시는 중요한 요소이다.
자동차를 그리고, 지나가는 자전거와 신호등이 그려진다.
건물의 창문들이 투시의 원리에 따라 하나씩 채워지고
내 앞을 지나가는 연인의 뒷모습을 내 스케치북에 담는다.

BUFFALO

누구나 작가가 될 수 있다.
바로 지금 연필을 들고 따라 해보자.
지금 그리는 당신은 작가다!

Drawing
Class

Travel Drawing

수채화
펜화
색연필
오일파스텔
아크릴
마카

여행하며 멋진 곳을 만났을 때 사진은 1초이지만
잠시 앉아 스케치하는 10분의 시간은 오로지 그곳을 느끼기에 충분한 시간이다.
그리고 그 그림은 여행의 기억에서 그 순간의 감정과 함께 멋진 작품으로 기록에 남을 것이다.

watercolor

'어반스케치'는 직접 눈으로 보고 느끼며 현장을 그리는 그림이다.
여행지에서 소중하게 기억하고 싶은 풍경을
그곳의 느낌과 감정을 고스란히 담아 그림으로 표현한다.
여행용 미니 물감 세트를 준비해서 여행의 아름다운 기억을 담아오자.

수채화 어반스케치

일러스트레이터 숙헌

수채화 따라하기

수채화 어반스케치

최근 취미 미술 분야가 다양해지면서 여행 그림을 그리는 사람들이 많아지고 있다. 야외에서 그림을 그릴 때 시간제한 없이 그릴 수 있다면 디테일한 작업을 할 수 있겠지만, 여행 그림은 잠시 머물면서 그곳을 기억하고자 그리는 그림이다. 그래서 아주 가볍게 짧게 스케치하고 채색하는 것이 좋다. 보통 15분에서 30분 정도의 시간이 적당하다. 초보자라면 채색이 없는 스케치 위주의 선 드로잉 어반스케치를 하는 것도 좋다.

여행 그림으로 가장 많이 선택하는 재료는 펜과 수채화 물감인 것 같다. 수채화 물감은 건조도 빠르고 고체 상태에서 물 하나로 명도(밝기) 조절이 가능하므로 휴대하기에도 좋고, 야외에서 사용하기에도 편리하다.

아래 그림은 이탈리아 로마의 콜로세움 풍경을 그린 어반 스케치이다. 콜로세움이 바라보이는 잔디밭에 앉아 잠시 스케치와 채색을 했다. 작업시간은 20분 정도 소요되었다.

재료 :
- 윈저앤뉴튼 WINSOR & NEWTON 고체 물감 14색
- 스케치용으로 물에 잘 번지지 않는 피그먼트펜 0.03mm 또는 0.05mm
  펜의 굵기가 가는 펜은 여러 선을 겹치듯 스케치해서 자연스럽고 실수도 드러나지 않는다.
  굵은 펜은 선이 진하고 강하므로 초보자에게 야외스케치용으로는 어려울 수도 있다.
  펜은 스테들러, 사쿠라 피그먼트펜을 많이 사용한다.

♥ 이번 여행 그림에 사용된 수채화 색상표

Ivory Black	Alizarin Crimson Hue	Yellow Ochre	Cadmium Yellow
Cerulean Blue Hue	Burnt Umber	Lemon Yellow	Purple Lake
Viridian Hue	Cadmium Red Hue	Cadmium Red Pale	Sap Green
	Burnt Sienna		Ultramarine

수채화 따라하기

❶ 스케치 하기

 스케치가 어려우신 분은
QR코드로 접속하여
스케치를 다운로드 받으세요.

콘스탄티누스 개선문 Arco di Constantino과 콜로세움 Colosseum

왼쪽 큰 나무를 먼저 그리고 나무를 기준으로
오른쪽 작은 건물과 큰 건물 순서로 스케치한다.

자유로운 드로잉을 하는 과정이므로 건물의 기울기나 형태가
조금은 틀어져도 개성 있는 스케치라고 생각하고 그려보자.
펜으로 바로 그리기가 쉽지 않다면 연필로 먼저 스케치한 후에
펜으로 그리고 지우개로 연필 선을 지운다.

❷ 채색하기 건물

 +

물 농도가 많은
Yellow Ochre

물 농도가 많은
Cadmium Red Pale

왼쪽에 있는 Ⓐ 색조합을 파레트에서 혼합하여
건물의 아래 ❶부분을 먼저 채색한 다음
Ⓑ 색조합을 파레트에서 혼합하여
❶번 채색이 마르기 전에 오른쪽 Ⓒ사진처럼
위쪽 ❷부분을 채색한다.

Ⓒ

Ⓑ

물 농도가 많은
Yellow Ochre

물 농도가 많은
Alizarin Crimson Hue

❸ 왼쪽 아치형 건물의 어두운 부분을
아래 색으로 선으로 그리듯 채색한다.

 Burnt Umber

❹ 오른쪽 경기장 건물의 아치형 창의
어두운 부분을 아래 색으로 채색한다.

 Ivory Black

수채화 따라하기

❸ 채색하기 **나무**

❺ 나무는 밝은색부터 어두운 색 순서로 물감이 마르기 전에 채색하여 자연스럽게 번지게 한다. (각각의 색의 진하기는 채색을 하기 전에 물 농도를 이용해 연습 종이에 색을 만들어 본다.)

잎 Cadmium Yellow ➡ Sap Green ➡ Viridian Hue ➡ Ivory Black

기둥 Burnt Umber+물 ➡ Ivory Black

❻ 언덕 부분은 그린 계통의 색을 자유롭게 채색한다.

Lemon Yellow   Sap Green   Viridian Hue

❼

❹ 채색하기 **사람**

❼ 사람은 머리부터 검은색을 채색하고
남자는 어깨를 조금 넓게, 여자는 어깨를 조금 좁게
그리며 자유롭게 다양한 색상으로 채색하여 완성한다.

pen

펜으로 풍경 그리기

베네치아와 피렌체 아르노강 풍경

일러스트레이터 서준

여행지에서 멋진 장소를 만났을 때
스케치하고 싶다면 펜만 한 것이 없다.
어떤 곳이든 노트와 펜 한 자루만 있다면
뭐든지 그릴 수 있는 어반스케치!

완성도를 올리는 데 큰 역할을 하는
강렬한 검은색과 펜의 자유로운 선 드로잉!
형태에 구애되지 않고, 나만의 느낌으로만 그린다면
초보자라 하더라도 감각적인 그림이 나올 것이다.

펜화1 따라하기

베네치아 풍경

재료 :
펜의 굵기는 0.03mm(또는 0.05), 0.1mm, 0.3mm
3가지 정도를 사용하면 좋다.
스테들러 펜, 모로토우 펜, 사쿠라 피그먼트 펜을
일반적으로 많이 사용한다.

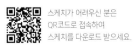

스케치가 어려우신 분은
QR코드로 접속하여
스케치를 다운로드 받으세요.

❶ 풍경에서 그리고 싶은 부분을 프레임으로 잡아보자.

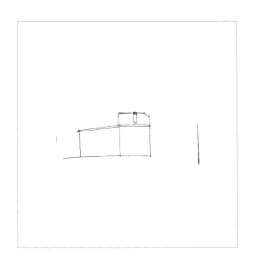

❷ 기준이 될 만한 요소(건물)를 선택하고 종이 위에 위치와 구도를 잡는다. 이 풍경은 2점 투시로 보이므로 건물의 모서리 직선 선을 중심으로 스케치를 시작해 보자.
※ 130쪽 <풍경에서 투시란?> 참조

기준선이 될 세로선과 가로선은 자연스럽게 연필 또는 펜으로 위치를 잡아놓는다. 아직 반듯한 선이 그려지지 않더라도 자를 사용해서는 안 된다. 풍경화에서는 수직과 수평을 제대로 보는 눈을 키우는 것이 아주 중요하기 때문에 곧은 선을 긋는 연습을 평소에 자주 하는 것이 좋다.

❸ 기준이 된 건물의 디테일을 스케치한다.

전체 구도가 벗어나지 않게 양옆 건물의 위치를 잡는 것이 필요하므로 선으로 그리듯 체크해 놓자. (중심으로 정한 건물의 양옆 두 개의 선)

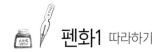

펜화1 따라하기

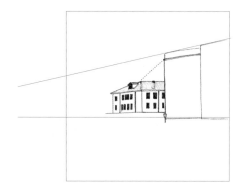

❹ 기준이 되는 건물의 디테일이 잡혔다면 주변 건물을 그려보자.

이 예시 그림은 1점 투시로 그려지는 그림이다. 어반스케치의 투시선 소실점은 캔버스를 벗어나는 것이 일반적이다.
※ 130쪽 <풍경에서 투시란?> 참조

❺ 큰 건물의 지붕과 창문을 스케치하며 해칭으로 색을 채운다.

채색된 부분은 면의 크기가 쉽게 파악되기 때문에 그려지는 여러 대상의 비례를 이해하며 그리는 것이 중요하다.

❻ 큰 건물의 아래쪽은 어두운 부분의 외곽선을 따라 그린 후 해칭으로 면을 채운다.

사물의 디테일한 부분은 멀리서 보이지 않기 때문에 어두운 부분과 밝은 부분을 구분하는 외곽선을 따라 그리게 되면 사물의 명암이 드러나 형태가 자연스러워진다. 작은 부분은 조금 잘못 그려지는 실수가 있더라도 전체 풍경에 큰 영향을 주지 않기 때문에 크게 신경 쓰지 않아도 된다. 어반스케치는 전체 구도나 위치를 잡는 시작 부분이 매우 중요하다.

❼ 이제 멀리 보이는 작은 건물들을 어두운 면과 밝은 면을 구분하며 그려보자. 사이사이의 나무나 작은 요소들도 그리며 해칭으로 어두운 면에 색을 채워나간다.

❽ 배는 주변 건물을 기준으로 수평선과 수직선을 연결해서 위치를 찾은 후 그려보자.

❾ 물결 표현은 배의 비친 그림자 모양을 잡아가며 불규칙한 길이의 선으로 가로 방향으로 겹치듯 해칭한다.

펜화2 따라하기

피렌체 아르노강 풍경

❶ 어두운 곳과 밝은 곳이 구분되는 외곽선을 찾아가며 스케치하고 어두운 부분을 구분하기 위해 해칭으로 색을 채운다.

❷ 나머지 작은 요소(창문)들을 스케치하고, 1번에서는 어둡고 밝음을 표현하기 위한 해칭이라면 이번 해칭은 명암을 표현하는 해칭이다. 조금 더 어두운 곳을 찾아 해칭을 하다보면 보이는 풍경이 조금 더 입체적으로 그려진다.

❸ 풍경에서 가장 어둡다고 느끼는 곳을 찾아 크로스 해칭을 해 덩어리감을 살려보자.

그릴 소재는 더 자세히 볼수록 좋은 그림이 나올 수 있다. 풍경이나 사물을 지속적으로 관찰하자.

나무들과 산이 어둡기 때문에 해칭을 더 올리되, 자연은 직선보다 자연스러운 곡선으로 해칭을 해보자.

❹ 다리 아래와 담을 30도 기울여 가며 크로스 해칭하여 조금 어둡게 색을 채운다.

❺ 물결은 물 위에 비치는 다리와 건물의 실루엣을 잡아가며 가로로 여러 번 겹치며 해칭한다.

colored pencil

색연필로 나의 여행일기를 남긴다.
색연필로 겹겹이 선으로 채색하면 새로운 색이 만들어지듯
나의 여행도 새롭고 멋진 일들로 내 기억에 차곡차곡 쌓이길 기대하며…

색연필 여행

일러스트레이터 오정순

선들이 겹쳐 색이 만들어지고
그 색들이 다시 겹쳐 쌓이면 또 다른 색이 만들어지는 색연필

색연필이 감성적인 것은
색 사이사이에 숨어있는 또 다른 색이 있기 때문이다.

색연필 따라하기
색연필 여행

여행을 하면서 멋진 곳을 만난다면 우리는 잠시 풍경을 감상하고 그림을 그리고 싶어집니다.

사진을 찍고 집으로 돌아가 그림을 그리기도 하지만 그곳에 앉아 직접 보고 그리는 것을 추천합니다.

실제 앞에서 보며 그림을 그리는 것과 사진을 통해서 그리는 것은 확연히 다른 느낌이 듭니다.

실제 풍경에서는 많은 색감이 보이고, 이미지를 입체적으로 느끼며 그리게 됩니다.

색연필은 가장 휴대하기에 편한 재료입니다. 휴대용 색연필과 여행용 스케치북을 꺼내어

꼭 기억하고 싶은 멋진 풍경을 그림으로 나만의 여행 기록을 남겨보세요.

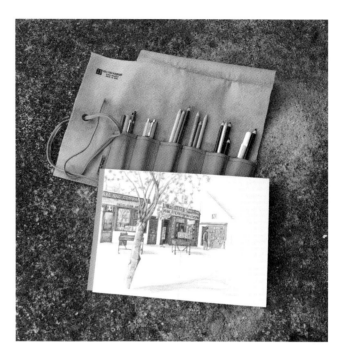

외출 시 모든 색을 휴대할 필요는 없습니다. 유성 색연필은 오일 성분 때문에 다른 색과 블렌딩이 잘 되어 기본색만 준비하면 됩니다. (예시로 보여지는 그림들은 색연필 프리즈마 48색을 사용합니다.)

종이는 요철이 없는 부드러운 질감의 종이면 됩니다. 야외 그림을 그리기에 편리한 작은 스케치북을 준비하세요. 짧은 시간에 그림을 그려야 하므로 그림의 사이즈를 작게 그리세요. (색연필 재료에 대한 설명은 드로우 창간호 '커피를 그리다' 편을 참고하세요.)

♥ 이번 그림에 사용된 색연필 색상표

902_UltraMarineBlue		929_Pink
904_CeruenBlue		946_DarkBrown
908_DarkGreen		949_Silver
916_Canary		992_LightAqua
924_CrimsonRed		1034_Goldenrod

색연필 따라하기

스케치가 어려우신 분은
QR코드로 접속하여
스케치를 다운로드 받으세요.

세익스피어 앤드 컴퍼니 Shakespeare and Company Since 1919, Paris

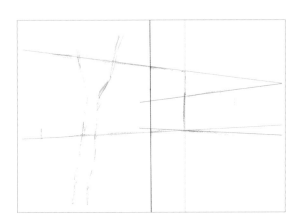

1 구도잡기

보이는 시선에서 기준이 될만한 사물을 선택해서 그림을 시작합니다. 사진에서 세익스피어 서점을 메인으로 그리되 눈앞에 보이는 나무를 기준으로 하고 내 스케치북에 나무 위치를 정하고, 그리고 뒤로 보이는 건물 위치를 소실점 하나로(1점 투시) 투시선을 그립니다.

· ㄱ자 건물이므로 투시선을 각각 반대로 그려집니다.
· 투시 설명은 130쪽 <풍경에서 투시란?> 참조

– 대상이 내 시선에서 멀어질수록 건물의 외곽선들이 한 시점(소실점)으로 모이고, 모든 것이 축소된다고 생각하면 됩니다.

2 스케치

① 스케치는 946 ⬛ DarkBrown 으로 스케치합니다.

　＊ 색연필로 바로 스케치하기 어려우면 H연필이나 컬러 샤프를 사용하여 스케치 하세요.

② 나무를 기준으로 왼쪽 부분을 먼저 스케치합니다.

③ 나무기둥에서 책 가판대, 창문, 서점 문, 어닝 순서로 위치를 찾고 스케치합니다. 나무의 오른쪽 면을 서점 첫 번째 문 ⇨ 두 번째 문 ⇨ 책장 ⇨ 창문 ⇨ 책 가판대 ⇨ 문 ⇨ 사람 ⇨ 책장 순서로 스케치한 후 마지막으로 나무의 오른쪽 위 어닝을 스케치합니다.

　＊이때 왼쪽 어닝은 투시선에 맞춰 그려 넣어야 합니다. 문. 창문 역시 처음에 구도에 정한 투시선에 맞춰 그려야 합니다.

④ 스케치를 하면서 어두운 부분(문 안쪽, 나무의 오른쪽 면)에 해칭을 하면 면이 분리되고 입체적으로 보이기 때문에 채색도 함께 진행합니다.

　＊해칭: 선으로 면을 채우는 것

3 채색

단순하게 사물의 색과 최대한 비슷한 색을 선택하지 않고 여러 색을 겹치는 방식으로 색을 만들어보겠습니다. 여러 가지 색이 블렌딩 되듯 원하는 색을 만들어봅시다.

① 916 ▨ Canary 로 전체 베이스가 되도록 채색합니다.

② 어닝과 창, 정문, 책 가판대 다리 등 딥그린으로 보이는 곳에 908 ▨ DarkGreen으로 채워넣습니다. 그리고 왼쪽 문 유리창에 비친 나무들도 해칭 하듯이 채색합니다.

    ＊어닝을 채색하기 전에 벚꽃을 조금 그려넣습니다.

    ▨ 벚꽃색 : 929 Pink

③ 908 ▨ DarkGreen으로 채워진 위에 992 ▨ LightAqua로 채색 후 902 ▨ UltraMarineBlue로 마지막 채색을 합니다.

    ＊908 DarkGreen과 902 UltraMarineBlue가 겹치면 딥그린이 나옵니다. 세익스피어 서점의 창틀과 문은 어두운 그린이지만 에메랄드색이 있는 어두운 그린이므로 992 라이트아쿠아 LightAqua를 더 추가했습니다.

겹쳐지는 순서입니다. →

④ 나무의 양쪽에 있는 책 가판대와 서있는 사람 앞의 책장 진열대도 922 ▨ LightAqua로 채색합니다.

⑤ 옐로우 간판, 왼쪽 문과 문 위에 달린 셰익스피어 액자 그리고 책 가판대 2개와 중앙문, 사람의 자켓을 1034 Goldenrod로 채색합니다.

＊간판의 명암 표현은 힘 조절을 통해 색의 진하기를 이용해 그러데이션을 만들어 봅니다.

916 + 1034   글라데이션

⑥ 위에서 채색한 부분 중에 간판을 제외한 왼쪽 문, 중앙문, 책 가판대 2개와 사람의 자켓을 붉은 톤의 924 CrimsonRed 로 해칭하듯 채색합니다.

⑦ 다시 바로 앞에서 채색한 부분 6번 위에 946 ▦ Dark-Brown으로 한번 더 채색하고 유리창문 사이에 어두운 부분과 사람 자켓의 어두운 부분을 같은 색으로 채색합니다.

＊문이나 창문 간판 경계선에 분명해야 할 부분이 있다면 다크브라운으로 조금 더 진하게 선을 긋는 방법으로 외곽선을 정리합니다.

⑧ 간판의 글자는 블랙으로 글자를 표현하기 전에 실수를 줄이기 위해서 다크브라운으로 먼저 적어봅니다.

⑨ 904 ▦ CeruenBlue로 벽면, 나무, 가판대, 사람, 그림자, 사람 바지, 위쪽 작은 창문들을 채색합니다.

⑩ 꽃잎을 929 ▦ Pink 동글동글 돌리며 채색

⑪ 왼쪽 그림처럼 벚꽃 채색을 마무리 합니다.
⑫ 모든 색을 이용해서 다양하게 책들을 채색합니다.

⑬ 949 ▨ Silver로 나무와 오른쪽 지붕 부분을 채색합니다.

＊프리즈마 48색에는 그레이가 없으므로 블랙의 힘 조절을 이용해
그레이색을 표현 또는 실버색을 이용합니다.

⑭ 아래 항목을 블랙으로 채색합니다.
　- 간판 글자를 덧칠해서 진하게 표현
　- 나무에서 빛을 받지 못한 오른쪽 면
　- 위쪽 작은 창문 어두운 부분
　- 전체 외곽선들과 어두운 부분을 채색하며 정리
　- 책 사이의 어두운 명암도 선을 긋듯이 표현

＊그림에 블랙은 그림의 선명도와 완성도를 올리는 효과를
가지고 있으므로 마지막 단계에 많이 사용됩니다.

4 완성

어닝에 있는 글자, 창가의 칠판 부분, 창
아래 입간판 내 글자를 화이트 젤리펜으
로 표현하고 완성합니다.

화이트 젤리펜

oil pastel

바다가 보이는 카페
오일파스텔 풍경 그리기

일러스트레이터 라미

오일파스텔 따라하기

바다가 보이는 카페

Oil pastel
color chart

202 Yellow

206 Flame Red

219 Prussian blue

223 Turquoise Blue

228 Grass Green

231 Malachite Green

236 Brown

238 Ochre

241 Light olive

243 Pale Yellow

245 Light Gray

246 Gray

248 Black

씨넬리아 화이트   문교 화이트

오일파스텔 따라하기

바다가 보이는
카페에 앉아 멋진 풍경을
그리고 싶다면!

우연히 멋진 곳을 보고 그림을 그리겠다고 생각
을 했을 때 내 시야에서 보이는 모든 것을 그릴
필요는 없습니다. 자신이 그리고 싶은 적당한 포
인트를 고민하고 프레임을 정해봅니다.

바닷가 카페에서 아주 큰 나무와 그 나무에 걸쳐
보이는 아치형 창과 바다 풍경이 너무 멋져 보였
습니다. 그래서 가장 멋지게 그려서 기억에 남기
고 싶은 부분을 프레임으로 잡았습니다.

ⓒ 송정 아라조마루

① 프레임을 정하고 스케치를 합니다.
   Tip : 연필은 오일파스텔 채색 도중 먹색이 번질 수 있으므로
   색연필 또는 컬러 샤프를 이용해 스케치해 보세요.

② 창밖의 하늘 부분을 223번 Turquoise Blue ▬ 색으로
   손에 힘을 빼고 가볍게 채색합니다.
   바다 부분을 228번 Grass Green ▬ 색으로
   가볍게 채색 후 손이나 면봉으로 부드럽게 문지르며
   블렌딩합니다.

 스케치가 어려우신 분은
QR코드로 접속하여
스케치를 다운로드 받으세요.

③ 채색된 하늘 부분은 씨넬리아 화이트로
블렌딩하며 채색합니다.

Tip. 화이트만으로 부드럽게 블렌딩이 어려우시면
손이나 면봉을 사용하면 됩니다.

④ 방파제는 245번 Light Gray 색으로 각진 돌멩이의 어
두운 부분을 그리듯 채색하고, 길 옆 담도 같은 색으로 채
색합니다. 방파제와 길 윗 부분은 빛을 받아 밝게 보이므
로 흰 부분을 남기며 채색합니다.

Tip. 같은 화이트지만 씨넬리아 화이트는 꾸덕꾸덕한 재질로 덧칠하면
아래 색 위에 화이트색이 잘 올라갑니다.
반면에 문교 화이트는 아래 색과 쉽게 블렌딩이 되므로 바다색을 유지
하며 채색이 가능합니다.

⑤ 창가의 풀(식물 : 수크렁)은 241번 Light olive 색으로
채색합니다.

⑥ 테이블과 의자의 어두운 부분을 236번 Brown 색으
로 가볍게 채색합니다.

⑦ 외부 안내판의 프레임은 206번 Flame Red 색으로
채색하고, 안쪽 부분은 223번 Turquoise Blue 색과
씨넬리아 화이트를 블렌딩해서 연한 블루색을 표현합니다.

오일파스텔 따라하기

⑧ 테이블 236번 Brown 채색 위에 238번
Ochre 색을 아래 색과 혼합되게 채색한다.
오일파스텔은 색이 서로 섞여 새로운 색을 만들수
있습니다.

⑨ 식물의 어두운 부분은 238번 Ochre 색과
231번 Malachite Green 색으로 표현한다.
식물의 잎을 채색할 때는 아래쪽에서 위쪽으로 그
리면서 채색합니다.

⑩ 식물의 풀에서 가장 밝은 부분은 202번 Yellow
색으로 표현한다.

⑪ 방파제 가장 어두운 부분은 246번 Gray
색으로 표현한다.

⑫ 씨넬리아 화이트로 바다 위에 물결과 식물의 윗 부분을
두껍게 덧칠해서 표현해 준다.
일반 오일파스텔의 화이트는 채색시 색이 좀 밀리듯
아래 색과 섞이는 경향이 있지만, 씨넬리아 화이트는
꾸덕하게 덧칠하듯 색이 잘 올라가므로 흰부분이 잘 표현된다.

⑬ 나무 가지는 236번 Brown 색을
칠한 후 238번 Ochre 색으로
밝은 부분을 채색한다.

⑭ 잎은 하나씩 툭툭 터치하듯 그려준다.
먼저 231번 Malachite Green 색으로
잎의 전체를 터치하듯 채색한다.

⑮ 마지막으로 잎의 밝은 부분을 241번
Light olive 색으로 툭툭 터치하듯
그려서 그림을 완성한다.

TRAVEL inside

Coloring on Sketchbook

스케치 위에 색깔을 더한다.

밀밭과 노을의 경계선을 구분하지 않고
번트 시에나와 퍼머넌트 옐로우 딥을 덧칠한다.
그 색의 액체가 고체가 되어가는 시간에
나는 잠시 휴식하며 커피를 마신다.

물감 냄새가 내 코끝에 아직 남아 있지만
지금은 커피 향이 나를 더 강하게 이끈다.

지금 이 찰나의 시간이 어쩌면
나의 가장 행복한 여행일지도 모르겠다.

acrylic

해변에서의 휴가

아크릴로 그리는 여행그림

일러스트레이터 김동미

아크릴 따라하기

해변에서의 휴가

야외에서 작업할 때는 많은 색의 물감을 가지고 갈 수 없다.
하지만 몇 개의 물감만으로도 다양한 색을 만들어 낼 수 있다.
물감을 섞어서 다양한 색을 만들어 보고
순서에 따라 그림을 그려보자.

♥ 이번 그림에 사용한 물감

510 퍼머넌트 오렌지
PERMANENT ORANGE

515 퍼머넌트 옐로 딥
PERMANENT YELLOW DEEP

530 비리디언 휴
VIRIDIAN HUE

537 세룰리안 블루 휴
CERULEAN BLUE HUE

553 번트 시에나
BURNT SIENNA

560 블랙
BLACK

562 티타늄 화이트
TITANIUM WHITE

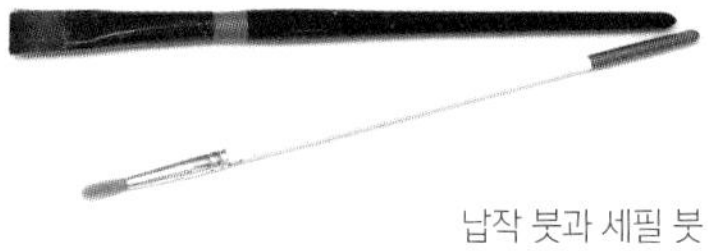

신한 아크릴 물감

납작 붓과 세필 붓

아크릴 따라하기

스케치가 어려우신 분은
QR코드로 접속하여
스케치를 다운로드 받으세요.

1. 스케치 하기

서핑보드를 즐기기 위해 바다로 여행 온 풍경을 그려보자.

① 수평에 맞춰 구름과 산을 그린다.

② 아래로 살짝 굴곡진 바다도 그려본다.

③ 거리가 멀어져 보이는 효과를 위해 모래사장과 가장 가깝게 닿아있는 흰 파도는 산에 가까워질수록 점점 좁아지도록 그려 준다.

④ 야자수는 힘이 살짝 빠진 선풍기 날개 같은 느낌으로 나무 끝에 중심선을 먼저 그려 주고 잎 모양을 하나씩 차곡차곡 그려 준다.

⑤ 야자수의 크기와 잎의 방향도 다양하게 그려 표현해 본다.

⑥ 멀리 보이는 야자수 나무도 산에 살짝 걸치게 몇 그루 심어 준다.

⑦ 아래 중심부에 선배드와 서핑보드를 들고 있는 사람을 그려 준다.

⑧ 마지막으로 완성된 스케치를 참고용으로 카메라로 촬영해 둔다.

2. 전체 바탕 채색

① 먼저 덥지만 따뜻한 느낌의 해변을 표현하기 위해
퍼머넌트 옐로 딥 + **번트 시에나** + **티타늄 화이트**를
1 : 1 : 6 의 비율로 섞어 넉넉한 양을 만든다.

② 1차 배경색을 전체적으로 칠해 준다.

※ 물감을 섞을 때 취향에 따라 **화이트**의 비중을 높여 아이보리 느낌을 내거나, 혹은 **옐로 딥**을 많이 섞어 노란 톤을 좀 더 강조해도 좋다.

3. 하늘과 멀리 있는 산 채색

① **세룰리안 블루**와 **티타늄 화이트**를 약 1 : 5 정
도로 섞어 구름 밖 하늘 부분을 채색한다.

② 아래의 노란 톤이 보이게 유지하면서 붓을 터치하
듯이 짧게 발라주면 더 재미있다.

③ 구름은 테두리가 잘 살도록 화이트로 섬세하게 채
색한다.

④ 멀리 보이는 산도 조금씩 다른 톤으로 채색하기 위
해 바다 위에 있는 산은 **비리디언 휴** + 퍼머넌트
옐로 딥 + **티타튬 화이트**를 1 : 1 : 2로 섞어서 채색
해 주고 육지에 있는 산은 **비리디언 휴** + **티타튬
화이트**를 1 : 2와 아주 소량의 **블랙**을 살짝 섞어 차
분한 그린색으로 채색한다.

※ 같은 그린 계열이지만 섞는 색에 따라 서로 다른 톤
으로 표현할 수 있다.

Tip) 아크릴은 은폐력이 높은 수정 작업에 용이한 재료
이다. 그래서 처음부터 너무 꼼꼼하게 스케치 경계
에 맞춰 채색하지 않아도 괜찮으니 자유롭게 섞어
채색해 보길 바란다.

4. 파도 채색

① **세룰리안 블루 휴** + **비리디언 휴** + **티타튬 화이
트**를 약 1 : 3 : 10 비율로 **화이트**를 넉넉하게 섞어 준다.
비리디언 휴 색상이 많이 섞이면 에메랄드에 가까운 바
다색을 만들 수 있다.

② 바다에서 거리감이 느껴지도록 위에서 아래로 내려올수
록 화이트를 많이 섞어서 점점 밝아지도록 채색해 준다.
아크릴 특성상 건조가 빠르기 때문에 마르기 전에 빠른
붓질로 내려오면서 화이트와 섞어 주시면 더 좋다.

③ 파도는 붓에 물기를 아주 살짝만 남기고 **화이트**를 발라
서 붓 자국이 남도록 짧은 터치로 파도 라인을 따라 칠
해 준다. 흰 파도도 시선에서 멀어질수록 점점 좁아지게
채색해서 거리감이 느껴지도록 표현한다.

④ 구름 아래 멀리 보이는 바다는 가장 진하도록 **세룰리안
블루 휴**를 한 번만 더 살짝 칠해 주는 방법도 좋다.

아크릴 따라하기

5. 야자수 채색

① 퍼머넌트 옐로 딥 + **세룰리안 블루 휴**로 3 : 1 정도로 야자수 베이스인 밝은 그린 톤 색상을 만들어 준다.

② 앞서 한 스케치처럼 야자수잎의 중심인 줄기를 먼저 붓으로 표시해 놓고 잎사귀들을 촘촘하게 칠해 준다. 물기가 살짝 적은 붓으로 살짝 세워서 잎을 채색하면 붓 자국이 남으면서 뾰족한 잎의 끝을 표현할 수 있다.

③ 야자수 몸통 나무는 퍼머넌트 옐로 딥 + **번트 시에나**를 적당하게 섞어서 1차로 채색하고 퍼머넌트 오렌지 + **번트 시에나**를 섞어 그림자 부분에 채색해 준다.

6. 야자수 채색2

① 이번 예시 그림은 그린 톤으로 어울려지는 야자수로 채색하기 위해 약간 진한 톤의 색상과 부드러운 톤의 그린 톤을 만들어 준다.

② 먼저 진한 톤의 그린 색은 **비리디언 휴 + 세룰리안 블루 휴**를 1 : 1로 섞어서 오른쪽 위와 왼쪽 아래 야자수잎에 1차 나무 색상이 살짝 보이도록 덧칠해 준다.

③ 그리고 왼쪽 위와 오른쪽 아래 야자수잎에는 **비리디언 휴** + 퍼머넌트 옐로 딥을 2:1 로 섞어서 부드러운 그린 톤으로 만든 뒤 덧칠한다.

④ 마지막으로 멀리 보이는 뒤쪽 산에 걸쳐진 야자수도 산과 서로 분리되도록 선명하게 채색한다.

7. 사람과 선베드, 그림자 처리

① 퍼머넌트 오렌지와 소량의 **번트 시에나**에 티타늄 화이트를 넉넉한 비율로 함께 섞어 사람의 피부를 칠해 준다.

② **블랙**으로 반바지를 입혀 주고, **번트 시에나**에 **블랙**을 살짝 섞어 머리 부분도 칠해 준다.

③ 서핑보드도 사람의 팔 부분을 조심하면서 퍼머넌트 오렌지로 채색해 준다.

④ 화이트를 세필붓에 살짝 찍어 보드의 중심 라인 무늬도 넣어준다.

⑤ 브라운색 색연필이나, **번트 시에나**에 퍼머넌트 오렌지를 살짝 섞어 세필붓으로 사람의 경계 라인을 강조해 준다.

⑥ 선베드도 퍼머넌트 오렌지로 전체적으로 채색한 뒤 화이트로 라인을 그려 주고 **번트 시에나**로 선베드의 우측 측면에 어두운 부분을 한 번 더 쓱쓱 터치해 준다.

⑦ 마지막으로 그림자 채색을 위해 **세룰리안 블루 휴 + 티타늄 화이트**를 2 : 8 정도로 섞고 **블랙**은 아주 소량만 살짝 추가해서 톤 다운된 블루톤의 그림자 색을 만들어 준다.

⑧ 사람과 선베드의 아랫부분, 멀리 보이는 야자수 아랫부분에 조금씩 물감을 터치해 준다.

⑨ 그림자의 경계가 선명하지 않아도 괜찮으니 자유로운 느낌으로 터치해서 그림 작업을 전체적으로 마무리해 준다 :-)

Tip) 여러 가지 색상의 야자수 그리기

아래의 예시처럼 **비리디언 휴**와 퍼머넌트 옐로 딥을 섞어 밝은 톤의 그린 색을 베이스로 채색해 주고, 야자수의 잎사귀의 어두운 그림자 부분은 **세룰리안 블루 휴**와 같은 블루톤 계열로 터치해서 녹색을 띠는 푸른 계열의 야자수로 표현할 수 있다.

marker

캠핑 오브젝트 그리기

마카 그리고 캠핑

일러스트레이터 치옹타옹

마카 따라하기

캠핑 오브젝트 그리기

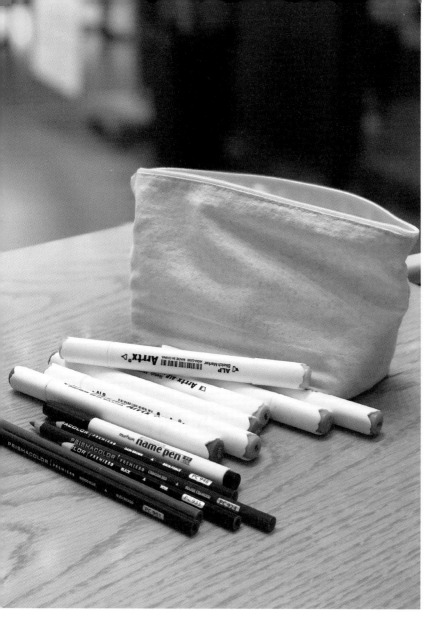

마카 [아트엑스]

■ 7
■ 13
■ 29
■ 44
■ 48
  49
■ 50
■ 56
■ 58
■ 62
■ 67
■ 97
■ 99
■ 101
■ 104
■ 120
■ WG3
■ WG6

색연필 [프리즈마]

● PC 901
● PC 903
● PC 924
● PC 935
● PC 946

 저는 [아트엑스 ALP 디자인 트윈 마카펜 80색 세트]를 사용하고 있고,
선택 기준은 지난번 창간호에서 자세히 알려드렸어요.
이번 호 주제는 '여행'입니다. 그에 맞게 휴대 가능한 정도의 재료만 파우치에 담아 준비합니다.
16cm X 13cm 남짓 파우치에 원하는 색상의 마카와 부재료(색연필, 네임펜, 연필, 지우개)를
담아서 간단히 재료 준비를 마쳤어요.
개인마다 원하는 색상을 다르게 정하셔도 되고, 다른 브랜드의 마카라도 상관없이
색상을 비슷하게 준비하셔도 됩니다.

마카 따라하기

1. 스케치 하기

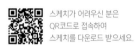 스케치가 어려우신 분은
QR코드로 접속하여
스케치를 다운로드 받으세요.

연필로 스케치를 합니다. 종이에 자국이 많이 남지 않을 정도의 힘으로 그려주세요!

2. 침낭 그리기

마카로 채색할 부분부터
자신이 알아볼 수 있을 정도만 남기고
지우개로 스케치를 지워줍니다.
그 위에 마카의 얇은 촉으로
먼저 테두리를 그린 후
두꺼운 촉으로 색을 채워주세요.

마지막으로 마카(■120) 얇은 촉으로
테두리를 그려 마무리해 줍니다.
상표 등 글이 작게 들어가는 부분은
마카 보다 얇은 네임펜이나, 색연필로
표현하면 좋습니다.

침낭
외부 ■ 44
내부　49
상표 ● PC 946

숙녀
피부 ■ 29
머리카락 ■ 97
비니 ■ 48
조끼 ■ 62 (카라 ■ WG3)
눈, 코, 입 (● 네임펜)

토끼 인형
색상 ■ WG3
조끼 ■ 48

마카 따라하기

3. 배낭과 모자 그리기

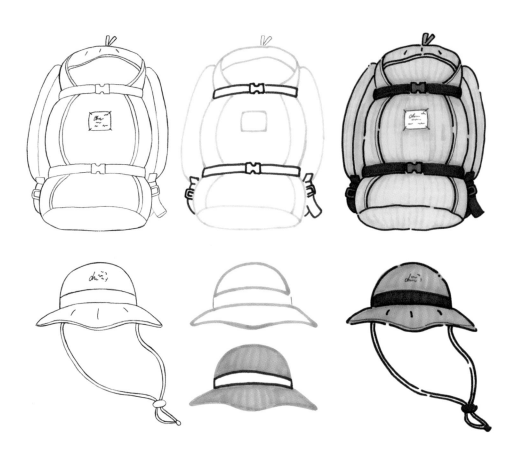

아래 순서로 배낭과 모자를 그려보자.

① 지우개로 가볍게 스케치 지웁니다.
② 얇은 촉으로 먼저 테두리를 그립니다.
③ 두꺼운 촉으로 색을 채웁니다.
④ 마지막으로 마카(■120) 얇은 촉으로
　테두리를 그려 마무리해 줍니다.
⑤ 작은 상표는 얇은 네임펜이나,
　색연필로 표현합니다.

배낭
색상 ■ 48
가방끈 ■ 99 (버클 ■ WG6/ 지퍼 ■
WG3)
상표 ● PC 946

모자
색상 ■ 104
모자 띠 ■ 99
상표 ● PC 946

4. 텀블러, 라디오, 랜턴 그리기

아래 순서로 텀블러, 라디오, 랜턴을 그려보자.

① 지우개로 가볍게 스케치 지웁니다.
② 얇은 촉으로 먼저 테두리를 그립니다.
③ 두꺼운 촉으로 색을 채웁니다.
④ 마지막으로 마카(■120) 얇은 촉으로
　 테두리를 그려 마무리해 줍니다.
⑤ 작은 상표는 얇은 네임펜이나,
　 색연필로 표현합니다.

텀블러
색상 ■62(손잡이■WG3)
컵 ■62
상표 ●PC 901

스피커
앞면 색상 ■50
(스피커, 버튼 ■99/ ■WG3)
옆면 색상 ■101
손잡이 ■104

조명
색상 ■50
전구, 버튼 ■44

마카 따라하기

5. 색상표를 참고하여 캠핑 오브젝트 따라 그리기

통조림
윗면 ■ WG3
참치 ■ 67/ 복숭아 ■ 7
글자 ● PC 903/ ● PC 924

화장품
색상 ■ 49 (알로에 ■ 56)
상표 ● PC 903

컵라면
색상 ■ 13 / ■ 120

구급 파우치
색상 ■ 13 (지퍼 ■ WG3)

에어팟
색상 ■ WG3

노란 미니 파우치
색상 ■ 49
상표 ● PC 946

책
색상 ■ 50/ ■ 58
글자 ● PC 935/ ● PC 946

아이패드 파우치
색상 ■ 7(지퍼 ■ WG3)
상표 ● PC 924
충전기 ■ WG3

필통
색상 ■ 48 (지퍼 ■ WG3)
글자 ● PC 935

노란 큰 파우치
색상 ■ 44
끈 ■ WG3/ ■ 99
상표 ● PC 946

우쿨렐레
앞면 ■ 104 ■ 99 ■ WG6
옆면 ■ 101

조리도구 세트
파우치 색상 ■ 7 (끈 ■ WG3)
가위 ■ 62/ ■ WG3
식칼 ■ 99/ ■ WG3
수저 외 ■ WG3

프라이팬

색상 ■WG6 (손잡이 ■ WG3)
뒤집개 ■ WG3
나무 볶음 수저 ■ 101
  (나무 결 ● PC 946)

크록스

색상 ■ 67 (꽃파츠 ■ 44)
바닥무늬 ● PC 903

쿨 박스

색상 ■62(뚜껑 ■67)
상표 ●PC 903
아몬드 포장지 ■49(아몬드 ■101)
아몬드 무늬, 상표 ●PC 946
맥주캔 ■56/ ■WG3

양말

색상 ■ 7

담요

색 ■50/ ■49
담요 끈 ■WG6(버클 ■WG3)
상표 ●PC 946

아래 순서로 다양한 캠핑 오브젝트를 그려보자.

① 지우개로 가볍게 스케치 지웁니다.
② 얇은 촉으로 먼저 테두리를 그립니다.
③ 두꺼운 촉으로 색을 채웁니다.
④ 마지막으로 마카(■120) 얇은 촉으로
   테두리를 그려 마무리해 줍니다.
⑤ 작은 상표는 얇은 네임펜이나, 색연필로
   표현합니다.

Travel
in ROME

과중한 업무에 시달리던 괴테는 어느 날 훌쩍 이탈리아로 떠났다.
그의 나이 36살 때였다. 1년 8개월간의 이탈리아 여행은
그의 삶의 궤적을 완전히 바꾸어 놓았다.

그는 이렇게 말했다.
"내가 로마 땅을 밟은 그날은 나의 제2의 탄생일이자
내 삶이 진정으로 다시 시작된 날이다."

Junction of Holland St + Gordon Place 27·8·21

Lis Watkins

런던에 거주하는 일러스트레이터인 Lis Watkins는
자신의 휴대용 수채화 물감과 파인라이너를 지니고
유럽의 이곳 저곳을 여행하며 자신의 스케치북을 채워나갑니다.
수채화 물감과 채워지지 않은 그녀의 선들과 공백은
그녀의 그림을 매우 우아하게 만들며,
어반스케치의 강력한 힘이 됩니다.

Website: www.liswatkins.com
Instagram: @lineandwash

Photo, TomDunkley

Watercolour sketchbook artist
Travel illustration

Lis Watkins

에디터 오동규

Travel illustrator
Lis Watkins

@ Park Guell, Barcelona 14·6·23

A view looking towards the city of **Barcelona** from the beautiful PARK GÜELL
아름다운 구엘공원에서 바르셀로나 시내를 바라보는 풍경

저는 여행 일러스트레이션,
장소 스케치, 드로잉 워크숍을
전문으로 하는 런던 기반 아티스트입니다.
저는 브라이튼과 킹스턴 미술 대학에서 공부했습니다.
저에게 여행은 단순히 사진을 찍는 것보다
더 느린 속도로 다른 풍경을 경험하고,
새로운 음식을 먹고
그리고 새로운 장소를 그려볼 수 있는 기회입니다.
저는 수채화나 파인라이너처럼
휴대하기 쉬운 재료를 사용합니다.
집에 돌아왔을 때 살펴볼 수 있는 스케치북이 있다면
모든 여행이 기억에 남을 것입니다.

Photo. GafungWong

At the 'Drink and draw' last weekend
in the Trinity Kitchen, **Leeds** in West Yorkshire, UK
영국 리즈의 트리니티 키친

Cathedral of **Barcelona**
스페인 바르셀로나 대성당

Drawing in the hill top village of **Intragna**,
in the Italian part of Switzerland
스위스 인트라냐 언덕 위 마을

Casa Milá(La Pedrera), one of architect Antoni Gaudi's fabulous creations
건축가 안토니 가우디의 멋진 작품 중 하나인 카사 밀라(라 페드레라)

건축가 안토니 가우디의 멋진 작품 중 하나인 카사밀라 (라 페드레라)
이것은 거대한 얼음 케이크 같습니다.
사람들은 안으로 들어가기 위해 길게 줄을 서고, 또 사진을 찍기 위해 멈춥니다.
분주한 도로에는 많은 차가 지나갑니다. 저는 그림자를 먼저 그린 다음에
리듬에 맞춰 작은 액세서리로 창문을 그렸습니다.

저는 주말에
스케치 친구들과 함께
리버풀의 다양한 건축 양식을
그리고, 발견하며
시간을 보냈습니다.

TERRACED HOUSES on a hill in the **Georgian Quarter** in Liverpool
리버풀 조지아 쿼터의 언덕에 있는 테라스 하우스

제가 가장 좋아하는 그림은
스페인 남쪽의 아름다운 도시 말라가의 풍경입니다.
저는 바다 옆 햇빛 속에 앉아 다양한 나무와 식물로 뒤덮인
가파른 언덕 뒤편의 내륙을 바라보았습니다.

A view of **Malaga in Spain**
스페인 말라가의 풍경

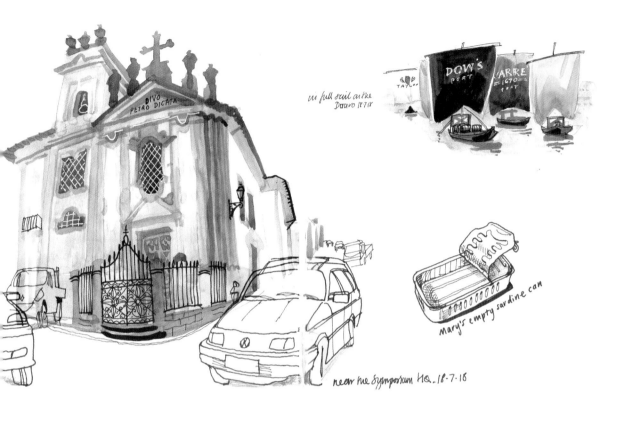

A sketchbook spread from time spent at the Urban Sketchers Symposium in **Porto** in 2018.
2018년 포르투 어반스케쳐스 심포지엄에서 보낸 시간을 담은 스케치북

포르투의 알판데가(Alfandega do Porto)의 계단을 오르는데,
소리가 점점 커졌습니다. 꼭대기에 도달하니 어반스케치 심포지엄 첫날
수백 명의 사람이 줄을 서서 등록하는 것을 볼 수 있었죠.
심포지엄은 매년 다른 도시에서 주최하는 연례행사로,
어반스케치 공동체가 함께 모여 배우고, 사교하고, 스케치하는 행사입니다.
인파가 줄어들기까지 좀 걸릴 것 같아 잠깐 스케치해 보았어요.
저는 관세관 길 건너편 문에 앉아 도시 주변에 점 박혀 있는
많은 사랑스러운 교회 중 하나를 그렸습니다.
저는 여행 중에 스케치북을 일기장처럼 사용했어요.

코로나 펜데믹 기간 동안
런던의 이곳 저곳을 그린
작은 여행 스케치를
A5 Zine으로 출간했습니다.

London Greens, a 48-page full colour A5 zine
Lis Watkins

창작자들의 글로벌 마켓플레이스
www.etsy.com 에서 만날 수 있습니다.

Little details drawn from buildings in **Toulouse**,
during the annual meet up of the French Urban Sketchers in May 2023
2023년 5월 프랑스 어반스케치 모임 동안 툴루즈에 있는 건물에서 그려온 작은 디테일

The Old Stock Exchange in Lille, drawn during the annual meet up of the French Urban Sketchers in June 2022
2022년 6월 프랑스 어반스케치 정기모임 동안 그렸던 프랑스 북부도시 릴(Lille)에 있는 구 증권거래소(La Vieille Bourse)

저는 네 개의 입구 중 하나에 앉아 안뜰을 들여다보았습니다.
사람들은 오래된 책, 잡지, 빈티지 포스터를 파는 내부 시장으로 몰려들었습니다.
원래 17세기에 건축된 이 건물은 그 이후로 두 번이나 복원되었으며
매우 아름답게 장식된 건물입니다. 방문한다면 '꼭 봐야 할 곳'입니다!

Lis Watkins
Website: www.liswatkins.com
Instagram: @lineandwash

에트르타 : 아몽의 해변과 수문, 클로드 모네, 1883, 66 x 81.2 cm, Oil on canvas, 오르세 미술관

화가들이 사랑한 여행지

Travel destinations loved by painters

글 : 오동규

19세기 말 20세기 초의 화가들은 오늘날 세계에서 가장 사랑받는 화가들이다. 빛의 화가 클로드 모네, 열정의 화가 빈센트 반 고흐, 평생 사과를 그렸고 현대미술의 아버지로 불리는 폴 세잔 그리고 구스타프 클림트와 앙리 마티스, 파블로 피카소 등 이 시대 화가들은 지금도 우리에게 많은 사랑을 받고 있다.

우리에게 많은 사랑과 감동을 주는 이들 화가에게는 자신만이 사랑하는 도시와 여행지가 있었다. 그들은 그곳에서 그림을 그리거나 말년을 보내면서 평안과 휴식을 취하며 작품활동을 했다. 모네에게는 지베르니Giverny와 에트르타Etretat가 그곳이었고, 고흐에게는 아를Arles이 그리고 세잔에게는 자신의 아틀리에가 있는 엑상프로방스Aix-en-Provence가 그곳이었다. 또한 클림트에게는 오스트리아의 아터 호수Lake Attersee가 그곳이었고,

마티스와 피카소에게는 프랑스 남부의 휴양도시 니스Nice와 앙티브Antibes가 그곳이었다.

요즈음엔 수많은 사람이 해외로 여행을 떠난다. 재충전을 위해서 아니면 견문을 넓히거나 추억을 쌓기 위해서 사랑하는 사람들과 아름다운 곳을 찾아 비행기를 탄다. 그림을 좋아하는 사람들은 화가들의 실제 작품을 보기 위해 인터넷을 통해 미술관과 박물관을 예약하며 여행을 계획한다. 하지만 대도시의 큰 미술관보다 그 화가들이 정말로 사랑했던 도시와 아틀리에를 살펴본다면 더 의미 있는 여행이 되지 않을까? 그래서 화가들이 사랑했던 여행지 3곳을 소개한다. 클림트가 영혼의 안식처로 여기며 여름을 보냈던 아터 호수와 피카소가 말년을 보내며 작품활동을 한 앙티브 그리고 모네가 사랑한 지베르니와 에트르타 절벽으로 여행을 떠나보자.

구스타프 클림트(1862~1918)가 사랑했던 여행지는 오스트리아의 중서부에 위치한 아터 호수Lake Attersee이다. 오스트리아에서는 '아트제'라고 부르는데 see는 독일어로 호수lake를 뜻한다. 이곳은 클림트의 풍경화가 탄생한 곳으로 유명하다. 청록색의 맑은 물에서 수영과 보트를 즐길 수 있으며, 호수를 둘러싼 산악지대에서 하이킹을 즐길 수 있는 곳이다.

클림트는 1900년부터 1916년까지 매년 여름을 이곳 아터 호수에서 보냈다. 처음에는 북쪽에 있는 작은 마을 리츨베르크Litzlberg에 머물렀고, 다음에는 캄머Kammer 그리고 바이센바흐Weissenbach에서 머물면서 그림을 그렸다. 클림트는 아터 호수의 풍경이 너무 아름다워 처음 이곳에 도착한 다음 날 아침부터 캔버스를 들고 그림을 그리러 나갔다고 한다. 그는 이곳에서 정신적 사랑의 동반자인 패션디자이너 에밀리 플뢰게Emilie Floege

와 함께 보내면서 이곳 호수에서 배를 타거나 산책로를 거닐었다. 클림트가 처음 이곳에 온 1900년에 그린 아터 호수의 풍경화는 고요한 휴양지의 아름다운 풍경을 잘 표현하였다. 그가 표현한 청록색의 물결은 당장에라도 뛰어들고 싶은 충동을 느끼게 한다.

클림트는 풍경화를 늦게 시작했다. 그는 이곳 아터 호수의 아름다운 풍경을 특별히 정사각형의 캔버스에 담아냈는데 클림트의 정사각형 풍경은 자연을 그대로 옮겨 놓은 듯하며 장식적으로도 매우 아름답다. 그는 이곳에서 50여 점이 넘는 풍경화를 그렸을 정도로 이곳 아터 호수의 매력에 푹 빠져있었다. 캄머성 뒤쪽으로 난 산책로를 지나면 구스타프 클림트 센터Gustav Klimt Zentrum가 나온다. 이곳 1층 카페에서 커피 한 잔의 여유를 가지면서 클림트의 풍경화에 빠지는 것도 즐거운 여행이 될 것이다.

"내게는 특이한 점이 아무것도 없다.
나는 매일 아침부터 밤까지 그림을 그리는 화가일 뿐이다."
– 구스타프 클림트 –

아터 호수에서, 구스타프 클림트, 1900, 80.2 x 80.2cm, 빈 레오폴드 뮤지엄

카머성으로 가는 오솔길, 구스타프 클림트, 1912, 110 x 110cm, 빈 벨베데레 궁전

© 앙티브 시청, www.antibesjuanlespins.com

두 번째 여행지는 파블로 피카소가 사랑한 도시 앙티브다. '앙티브Antibes'는 프랑스 현지인들이 주로 찾는 휴양지로 국내에는 잘 알려지지 않은 도시이다. 앙티브는 프랑스 동남부 지중해 연안에 있는 작은 도시로 세계 3대 영화제[1] 중 하나인 칸영화제가 열리는 칸의 바로 옆에 있다. 이곳은 수많은 예술가가 찾았던 장소로 유명하지만, 특히 피카소가 너무나도 사랑한 곳이었다. 끝없는 지중해 바다와 호화로운 요트들, 그리고 그리스·로마 시대의 역사를 품은 앙티브 올드타운의 붉은 주택들과 골목길, 해안가를 따라 길게 늘어선 요새와 성곽까지 예술가라면 이곳에서 예술적 영감을 받기에 충분한 곳이다.

앙티브 올드타운 해안도로 앞에는 피카소 미술관이 있다. 이 건물은 처음에 중세 시대(442~1385) 주교들의 거주지로 사용되었고, 1385년부터 그리말디[2] 가문이 거주하면서 그리말디 성Château Grimaldi이라 이름 지어졌다. 이후 총독의 거주지, 시청사, 군대 막사 등으로 이용되다가 1925년 그리말디 박물관이 되었다. 피카소는 1939년 우연히 이곳 그리말디 성을 방문하고 이곳의 매력에 푹 빠졌다. 1945년 다시 방문한 피카소는 박물관장의 제안으로 이곳 성의 2층에서 작품활동을 할 수 있게 되었으며, 이곳에서 수많은 작품을 탄생시켰다. 이

후 피카소는 회화 23점과 드로잉 44점을 앙티브시에 기증하였다. 그리고 1966년 앙티브시는 피카소에게 경의를 표하며 미술관 이름을 앙티브 피카소 미술관으로 바꾸고 재개관하였다. 이곳은 피카소에게 헌정된 최초의 미술관이며, 훌륭한 피카소의 작품을 많이 만날 수 있는 곳이다. 게다가 미술관 야외 테라스에서 지중해를 바라보며 조각품을 감상하는 것은 이곳 앙티브 여행의 백미라 할 만하다.

© 앙티브 시청, www.antibesjuanlespins.com

1) 세계 3대 영화제 : 프랑스 칸영화제(매년 5월), 이탈리아 베네치아영화제(매년 8월 말~9월 초), 독일 베를린영화제(매년 2월)

2) 그리말디(Grimaldi) 가문의 역사는 모나코의 역사라고 해도 무방하다. 모나코는 프랑스 남부 지중해 연안의 작은 나라로 카지노와 F1 경기로 유명한 도시국가이다. 1297년 이탈리아 제노바 귀족 '프랑수아 그리말디'가 수도사로 변장해 모나코 성을 점령한 이후 모나코는 그리말디 가문의 영지가 되었고, 이후 700년이 지난 지금까지 모나코는 그리말디 가문이 군주로 있다.

지베르니에 있는 모네 하우스

마지막 여행지는 클로드 모네가 사랑한 지베르니 Giverny와 에트르타Étretat이다.

지베르니는 프랑스 파리에서 북서쪽으로 80km 정도 떨어진 작은 마을이다. 1840년에 파리에서 태어난 모네는 1883년 파리에서 이곳으로 이사하여 죽을 때까지 무려 43년을 지베르니에서 살았다. 모네는 지베르니에서 정원을 가꾸고, 연못을 만들고, 연못에 수련을 심고, 그 위에 일본풍의 구름다리를 만들었다. 그리고 빛의 변화에 따라 달라지는 사물을 표현하기 위해 수많은 연작을 남겼다. 대표적인 것이 <수련>이다.

모네는 하루 종일 햇빛 속에서 그림을 그리다 보니 시력이 크게 훼손되어 말년에는 백내장으로 거의 시력을 잃었다 한다. 하지만 그는 86세 나이로 지베르니에서 생을 마감할 때까지 그림 그리기를 멈추지 않았다고 한다.

이곳 지베르니는 모네를 좋아하는 사람이라면 누구나 꼭 한번쯤은 가보고 싶어 하는 곳일 것이다. 모네의 집이 있고, 모네가 가꾸던 정원의 예쁜 꽃들과 연못에 핀 아름다운 수련꽃들이 있다. 모네가 만든 연못 위 초록색 구름다리에 서면 모네의 명작인 <수련>의 아름다움을 생생하게 느낄 수 있다. 또한 인상파 화가들을 좋아하는 사람이라면 모네의 집 바로 뒤에 있는 지베르니 인상주의 미술관Musée des impressionnismes Giverny을 꼭 가보길 추천한다. 프랑스와 미국의 인상파 화가들의 다양한 작품을 만날 수 있는 곳이다.

모네의 연못과 구름다리

에트르타 절벽의 일몰, 클로드 모네, 1883, 60.5 x 81.8 cm, Oil on canvas, 노스캐롤라이나 미술관

지베르니에서 노르망디 쪽으로 차로 2시간 정도 달려가면 바닷가 마을 에트르타Étretat가 나온다. 에트르타는 프랑스 북부 노르망디 지역에 있는 해변 마을로 18세기에는 프랑스 왕비 마리 앙투아네트를 위한 굴 양식장으로 유명했던 전형적인 어촌마을이었다. 그런데 19세기 이곳의 멋진 해안가 절벽 풍경이 알려지며 파리의 많은 예술가가 이곳으로 몰려들었다. 프랑스 대표 소설가 모파상, 사실주의 대표 화가 쿠르베 그리고 인상파 화가인 모네까지 많은 예술가가 이곳에서 휴양하면서 작품활동을 했다.

특히 모네는 에트르타 해변에서 코끼리 절벽[3]을 배경으로 많은 작품을 남겼다. 모네가 남긴 에트르타의 많은 작품 중에서 1883년에 그린 <에트르타 절벽의 일몰>

을 보고 있으면 자연의 위대함에 마음이 절로 숙연해진다. 거대한 아빠 코끼리가 지는 해를 바라보며 웅장하고 늠름하게 자세를 뽐낸다. 마치 해변 건너에 있는 자신의 아기에게 "아빠 멋있지?"라고 물어보는 듯하다. 언젠가 이곳을 아들에게 꼭 보여주고 싶은 마음이 드는 아름다운 곳이다.

3) 에트르타 해변은 코끼리가 바다에 코를 대고 물을 마시는 모양의 기암절벽으로 유명하다. 아빠 코끼리로 불리는 아발 절벽과 아기 코끼리로 불리는 아몽 절벽이 에트르타 해변을 사이에 두고 마주하고 있다. 아기 코끼리가 있는 아몽 절벽 위에서 아빠 코끼리 아발 절벽을 바라보는 풍경이 너무 감동적이고 환상적이다.

행복하게 지내는 친구와 사랑하는 사람이 있다면 개인적인 행복 없이도 살 수 있다.
그들의 행복이 우리를 부드럽게 비춰주는 빛이 되기 때문이다.

로망 롤랑*

* 로망 롤랑(1866~1944) 프랑스의 소설가, 1915 노벨문학상 수상

에펠탑이 보이는 CAFE LE DOME, photo by JS

On peut, je crois, se passer de bonheur personnel, si on a des amis, des aimés heureux ;
car leur bonheur est une lumière qui nous baigne doucement.

Romain Rolland

Andrea Serio

이탈리아 카라라 출생인 안드레아 세리오는
20년 동안 파스텔과 색연필 기법에 전념해 온
일러스트레이터이자 만화가입니다.
그의 그림은 중요한 국내 및 국제 행사에 전시되었습니다.
그는 소설, 잡지, 음반, 포스터, 아동 도서 및
그래픽 소설의 수많은 표지를 만들었습니다.

그는 이탈리아 토리노에 있는 국제만화학교에서
교사 겸 예술감독으로 활동 중입니다.

Website: www.andreaserio.net
Instagram: @andreaserio73

에디터 : 오동규

색연필 감성 아티스트

Andrea Serio

안드레아 세리오

Blue Hour © Andrea Serio

Moleskine © Andrea Serio

Q   안드레아 세리오 작가님. 안녕하세요. 먼저 자신의 소개를 부탁합니다.

A   안녕하세요. 저는 일러스트레이터이자 만화가입니다. 저는 20년 넘게 이 두 분야에서 시간을 보내왔고 이 직업이 바로 제가 항상 원했던 일입니다. 저는 이탈리아에 살고 있습니다. 저는 예술 도시로 세계에서 가장 유명한 이탈리아 지역 중 하나인 토스카나에서 태어났습니다. 학업을 마친 후 저는 알프스산맥의 발레다오스타로 이사했습니다. 여기서는 자연 속에서 평온하게 생활하며 그림을 그릴 수 있습니다.

저는 주변의 자연에서 영감을 얻습니다. 일반적으로 저는 제가 잘 알고 있는 녹색의 조각, 정원, 울타리, 다양한 나무, 햇볕이 잘 드는 벽, 야생의 모습, 해안선, 해변 등 제가 이미 그렸던 여러 모양을 탐색합니다. 특히 저는 빛과 그림자와의 관계에 관심이 많습니다. 그리고 그것을 종이에 표현하는 것을 즐깁니다.

2012년부터 저는 토리노에 있는 국제 만화 학교에서 교사이자 예술 감독으로 활동하고 있습니다. 가르치는 일은 모든 일러스트레이터에게 필요한 자연스러운 고립에서 벗어나 외부 세계의 사람들과 다시 연결되는 순간입니다. 저는 제가 배운 모든 것을 젊은 예술가 지망생들에게 전달하는 것을 정말 좋아합니다.

Orangerie ⓒ Andrea Serio

Interni © Andrea Serio

Q 여행은 당신에게 어떤 의미인가요? 그리고 가장 기억에 남는 여행지는 어디입니까?

A 어렸을 때 부모님과 함께 여행을 많이 했습니다. 특별히 장거리 여행은 하지 않았어요. (처음 해외에 갔을 때는 스무 살이 넘었습니다!) 하지만 이탈리아에는 가볼 만한 멋진 여행지가 너무 많아서 이 모든 곳을 보려면 아마 평생이 걸릴 거예요. 그래서 우리는 이 중 일부를 집중적으로 방문했습니다. 이런 식으로 저는 유적지와 박물관이 있는 대도시뿐만 아니라 다양하고 흥미로운 자연 장소도 많이 방문했습니다. 이 모든 경험은 나의 예술과 기억 속에 강한 흔적을 남겼습니다

저에게 여행은 무엇보다 시각적 경험을 축적하는 것을 의미합니다. 어떤 사진이나 동영상도 그 장소의 분위기, 빛, 냄새, 색깔을 실제로 경험하는 것만큼은 전달하지 못할 것입니다. 만약 제가 정말로 가장 좋아하는 여행지를 선택해야 한다면, 저는 프랑스 남부의 아름다운 해안 지역인 코트다쥐르(Côte d'Azur)를 선택할 것입니다. 이곳은 제가 가장 좋아하는 화가 중의 한 명인 피에르 보나르(Pierre Bonnard)를 포함해 많은 유럽의 화가들이 사랑했던 곳입니다.

Vue sur mer © Andrea Serio

Odessa © Andrea Serio

Nuvola ⓒ Andrea Serio

Q   그림을 그릴 때 주로 사용하는 재료는 무엇이고, 어떤 식으로 작업하시는지 말씀해
주실 수 있나요?

A   저는 전통적인 수작업으로만 작업하고, 디지털 도구와는 별로 친하지 않습니다. 개인
프로젝트를 진행할 때는 주로 창작의 흐름을 따르다가 그 순간 내 책상에서 찾은 몇 가
지 미술 도구를 사용해 작업합니다. 심지어 검은색 파스텔 하나만 가지고 작업하기도
합니다. 반면에 전문적 상업 프로젝트를 진행해야 할 때는 이러한 대략적이고 일반적
인 과정을 따릅니다. 아이디어와 구성에 집중하기 위해 색연필을 사용하여 작은 복사
용지에 주제를 스케치한 다음 튼튼한 종이의 대형 시트에 최종 버전을 그리죠.

다음으로, 중간톤의 희석된 오일 파스텔의 얇은 층으로 그림을 덮은 다음 오일 파스텔,
왁스 파스텔 그리고 색연필(드물게 흑연 연필)을 사용하여 심플한 선들을 작업합니다.
마지막으로 일러스트레이션을 보호하기 위해 파스텔 전용 고정 스프레이를 적용합니
다. 정말 정해진 것은 없습니다. 제대로 된 '방법'을 찾았다고 말할 수 없습니다. 실제로
제가 그린 최고의 그림 중 상당수는 즉흥적이지만, 수년에 걸쳐 진행한 이러한 단계와
도구는 저의 안심할 수 있는 루틴이 되었습니다.

Angouleme ⓒ Andrea Serio

저는 연필의 다재다능함, 겹겹이 길들일 수 있는 거친 특성, 자연스럽고 환경 친화적인 소재, 느린 공정, 어린 시절의 달콤함을 연상시키는 향기까지 연필에 관한 모든 것을 즐깁니다.

Promenade Le Corbusier © Andrea Serio

Q 가장 소개하고 싶은 작품은 무엇인가요? 그리고 그 작품에 대한 이야기가 궁금합니다.

A 일반적으로 저는 제 작품에 특별한 의미를 부여하지 않아요. 왜냐하면 어떤 작품은 저에게 더 기술적인 완성도가 있기 때문에 좋아하고, 어떤 작품은 행복했던 시간에 그렸기 때문에 좋아하고, 또 어떤 작품은 중요한 고객에게 의뢰받은 작품이라 좋아하거든요.

제가 여기서 소개하고 싶은 그림은 약 10년 전의 작품으로 '프롬나드 르 코르뷔지에 (Promenade Le Corbusier)'라는 제목을 가진 작품이에요. 이 작품은 기술적으로 뛰어나면서도 아름다운 기억을 가진 작품이거든요. 게다가 이 작품은 직업적으로 많은 행운을 안겨준 작품입니다. 저의 첫 번째 스타일과 두 번째 스타일의 중요한 이정표가 된 작품입니다.

Psicogiardino ⓒ Andrea Serio

이 그림은 저의 전형적인 구성 중 하나입니다. 풍경을 주요 요소로 하고, 작고 고독한 인물이 풍경 속에 거의 숨겨져 몰입되어 있습니다. 이곳은 유명한 건축가이자 디자이너인 르 코르뷔지에(Le Corbusier)에게 헌정된 실제 장소이자 해안 소나무 그늘이 있는 코트 다쥐르(Côte d'Azur)의 바다가 내려다보이는 아름다운 산책로입니다.

이 작품에는 뭔가 재미있는 이야기가 포함되어 있습니다. 묘사된 소녀는 덤불 속에 숨겨져 있는 보이지 않는 무언가를 관찰하고 있습니다. 그것이 무엇인지는 그녀와 나만 알고 있습니다. (그리고 우리는 이 작은 비밀을 결코 밝힐 수 없을 것 같습니다)

Andrea Serio
Website: www.andreaserio.net
Instagram: @andreaserio73

Piazza di Spagna
스페인광장

그리스 항아리에 부치는 노래
Ode on a Grecian Urn

오 아티카의 형상! 고운 자태여!
대리석 사내들과 처녀들, 숲의 나뭇가지들
그리고 밟힌 잡초를 공들여 새겨넣은
고요한 형태, 너는 우리의 애만 태우고
생각 저편에 있구나, 영원처럼 :
차가운 목가! 옛 시대가
이 세대를 황폐케 할 때,
너는, 우리와 다른 비애를 겪는 와중에도
여전히 인간의 벗으로 남아 그에게 말하리라,
"미는 진리요, 진리는 미"
그게 너희가 지상에서 아는 전부요,
너희가 알아야 할 전부라고.

존 키츠

O Attic shape! Fair attitude! with brede
    Of marble men and maidens overwrought,
With forest branches and the trodden weed;
    Thou, silent form, dost tease us out of thought
As doth eternity: Cold Pastoral!
    When old age shall this generation waste,
      Thou shalt remain, in midst of other woe
Than ours, a friend to man, to whom thou say'st,
    "Beauty is truth, truth beauty,—that is all
      Ye know on earth, and all ye need to know."

JOHN KEATS

존 키츠(1795~1821)는 19세기 영국의 대표적인 낭만주의 시인이다. 26세에 폐결핵으로 요절한 존 키츠는 생의 마지막을 스페인계단 건너편 집에서 지냈다. 위 시는 그리스 항아리에 그려진 그림을 노래하는 시의 마지막 구절로 예술과 사랑의 불변을 노래하고 예술의 영원함과 인간의 변하기 쉬운 현실을 대비하였다.

그림 김영희

간이역을 기억해요

글·그림 박유선

카메라를 꺼내서 능주역의 흔적을 담으니 복잡한 마음에 평정이 덮인다.
간이역을 가득 채운 이 따뜻함이 나의 여행의 출발을 비춘다.

능주역

바다 풍경이 익숙한 부산에서 살고 있지만 나에게 호수는 참 특별하다. 같은 물이지만 내게 전달되는 감정은 다르다. 호수를 바라보며 가만히 앉아 있으면 나의 모습까지도 액자로 담기는 것처럼 호수의 장관에 스며든다. 호수 중에 최고로 꼽는 세량제가 이번 여행의 목적지이다. 간단한 소지품과 카메라를 챙겨서 기차역으로 향한다. 찍지 않고선 지나가지 못하리, 이른 아침 물안개와 호수에 비친 벚꽃의 모습을 만날 생각하니 심장이 두근거린다.

오랜만에 만난 능주역도 반갑다. 드라마 세트장 같은 이곳은 여전히 옛 모습을 간직하고 있다. 카메라를 꺼내서 능주역의 흔적을 담으니 복잡한 미음에 평정이 덮인다. 간이역을 가득 채운 이 따뜻함이 나의 여행의 출발을 비춘다.

소재지 : 전라남도 화순군 능주면 학포로 1896-10
개업일 : 1930년 12월 25일
2025년 말 경전선 순천~광주 송정 구간의 개량이 완료되면
폐역이 될 예정이다.

소재지 : 충청북도 영동군 심천면 심천로5길 5
개업일 : 1905년 1월 1일
역모양이 아름답고 원형이 잘 보존되어 있어서
2006년 12월 4일에 등록문화재 제297호로 지정되었다.

심천역

드라마 [동백꽃 필 무렵]을 생각하면 여전히 동백이와 용식이가 헤어지던 장면이 떠오른다. 그날의 엔딩이 어찌나 슬프던지 밤이 늦도록 잠자리에 들지 못했다. 가슴 시리게 아픈 대사와 대비되는 그림같이 예쁜 옹산역. 이렇게 다정한 장소에서 작별이라니. 속상한 마음에 찾아보았던 옹산역은 심천역이었다. 가로등 불빛조차 슬펐던 옹산역 아니 심천역. 그래서 심천역은 밤이 더 궁금했다.

오랜 시간 동안 사람들의 사랑과 이별, 그리고 낭만의 장소였지만 지금은 한적함이 심천역을 대표되는 단어가 되었다. 가만히 앉아서 눈을 살포시 감으니 자연의 소리만 우람하게 들린다. 옛날 어느 시간에는 옹산역처럼 북적대었을 이곳에 다시 온기가 가득하길 바라본다.

오랜 시간 동안 사람들의 사랑과 이별, 그리고 낭만의 장소였지만
지금은 한적함이 심천역을 대표되는 단어가 되었다.

소재지 : 충청북도 옥천군 이원면 이원역길 51
개업일 : 1905년 1월 1일
현재 무궁화호가 상행 6편, 하행 4편이 정차하는 역이다.

더 따뜻한 표현이 있다면 조금 더 담아주고 싶을 만큼
이곳에서 느껴지는 위로가 따뜻하다.

이원역

이원역 이 목적지는 아니었다. 눈도 쉬고, 마음도 쉬고, 생각도 쉬기에는 산 높고 물 맑은 곳이 최고지. 그 매력을 가득 품고 있는 곳이 옥천이다. 옥천에서의 쉼을 나에게 선물하고 싶었다. 대구역을 거쳐 이원역에 도착했다. '소박하다. 정겹다. 포근하다. 다정하다.' 더 따뜻한 표현이 있다면 조금 더 담아주고 싶을 만큼 이곳에서 느껴지는 위로가 따뜻하다. 목적지가 이곳이 아니었지만, 이원역을 조금 더 둘러보고 싶어졌다.

이원역 광장 앞에 '기미 3.1운동 기념비'가 보인다. 이곳은 1905년부터 영업을 개시했으니, 일제강점기와 한국전쟁을 기억하고 있겠구나. 커다란 엄마 품처럼 많은 기억을 담고 있었기에 따뜻함이 짙게 느껴졌었나 보다.

화본역

바쁜 5월이 끝났다. 일단 떠나자. 가족 모두를 대동하고 화본역으로 향했다. 이번 여행은 화본역이 목적지다. 역이 목적지라는 것이 이상하겠지만 화본역은 그럴 만한 곳이다. 우리나라에서 가장 아름다운 간이역으로 선정될 만큼 유명한 곳이기도 하고, 역 구내에는 일제강점기부터 사용했던 급수탑이 그대로 서 있다. 그리고 1930년대의 모습으로 남아있으니, 목적지가 될 이유는 충분하다.

감탄이 나온다. 이렇게 아름다운 역이 옛 모습 그대로 남아있다니... 시간 여행을 하는 것 같다. 오늘이 마치 1938년의 어느날... 역의 곳곳을 찬찬히 밟아보며 기록을 남긴다. 시간이 한참 지난 후에도 남아 있는 곳이면 좋겠다는 마음을 담고 하행 열차를 탔지만 이제 이곳의 시간은 얼마 남지 않았다. 역사는 보존된다 하지만... 두고 오는 마음이 괜히 아쉽다.

우리나라에서 가장 아름다운 간이역
이렇게 아름다운 역이 옛 모습 그대로 남아있다니…

소재지 : 대구광역시 군위군 산성면 산성가음로 711-9
개업일 : 1938년 2월 1일
2024년 12월에 복선 전철화와 함께 중앙선이
이설되기 때문에 폐역이 될 예정이다.

에트르타 에서
보내는
시간

Etretat Cliff

프랑스를 여행하면 한 번쯤은 에트르타를 꼭 가게 된다.
우리들이 알고 있는 미술 작품에 많이 그려지는 장소라는 것은 그만큼 이곳이 아름답기 때문이다.
잔잔하게 물결치는 바다와 가장 이국적인 색을 띠는 에트르타의 절벽을
오일파스텔로 부드럽게 블렌딩한 색감으로 표현해 보자.

Mauve(violet계열), Sky Blue, Prussian Blue,
Light Grey,색들을 이용해서 절벽을 표현한다.
언덕은 Malachrte Green으로 채색하되
밝은 부분은 살짝 덜 채우듯 채색한다.

언덕에 채색된 Malachrte Green에
Yellow를 블렌딩하며 덧칠한다.

Sky Blue, Turkis Blue, Malachrte green으로
바다를 거칠게 겹쳐 채색 후 부드럽게 손으로
블렌딩한다.

Prussian Blue로 가장 어두운 부분을 표현한다.
Oche로 해변모래를 채색한 후 Pale Yellow로
바다와 모래 채색들을 블렌딩하며 채색한다.

풀은 위 Moss Green과 Yellow로
풀을 그리듯 채색 후 Bunt Umber로
어두운 부분을 표현한다.

지면의 짧은 잔디는
Light Blue, Moss Green, Yellow로
블렌딩하며 채색한다.

White로 언덕과 바다의 밝은 부분을 표현한다.(두껍게 올리듯 채색)
Salmon으로 언덕과 절벽, 바다의 밝은 부분을 두껍게 덧칠한다.

이중섭 거리 Lee Jung Seop Street

낮선 곳을 여행하다보면
그곳은 하나의 연緣으로 내 기억 속에 남아
더이상 낮설지 않게 됩니다.

낮선 곳에서 우연히 잠시 마주친 어떤 사람에게서
느낀 설레임과 그 순간의 감정은 나의 기억속에 저장되고
나는 또다시 그 기억을 소환해
그 거리와 언덕 그리고 바다와 카페를 생각할 것입니다.

Illustrator 오정순

緣 인연 연 : 서로 관계를 맺게 되는 인연, DESTINY

제주
·
연緣

제주 연 緣

카멜리아힐 Camellia Hill

제주 연 緣

광치기해변 The Gwangchigi Beach

제주
연 緣

한라산 Mt. Halla

내가 여행한 이 장소에
다시 올 수 있을지 모르지만
이곳은 오래도록
내 기억속에 남아 있을 것입니다.

제주 연 緣

오설록 티 뮤지엄 Osulloc Tea Museum

Travel의 유래

시대의 반영과 기억

글·그림 박유선

교통수단이 발달하지 않았던 시절의 여행은
고난의 행군이었다.

Travel

여행 (하다)의 의미로 널리 사용되고 있는 'travel'의 어원이 흥미롭다.
travel의 어원은 '출산의 고통'을 의미하는 영어 단어 'travail'에서 왔다고 한다.
'일, 노력, 고통 등'을 의미하는 프랑스어 travail, 스페인어 trabajo, 이탈리아어 travaglio,
포르투갈어 trabalho와 같은 단어들이 모두 영어 단어 'travel'과 같은 어원을 가진 단어들이다.
중세 시대의 여행은 어려움이었다. 교통수단이 발달하지 않았던 시절의 여행은 고난의
행군이었다. 즐거움과 오락이 된 것은 교통수단이 발달하게 된 19세기에 이르러서였다.

18세기 후반, 영국 런던에서 맨체스터까지 역마차가 가는 데에 4~5일이 걸렸다.
이동을 결정하는 것 자체가 엄청난 것이다. 1880년에 등장한 기차는 같은 거리를 5시간으로
줄여 주었다. 이때부터 여행은 재충전의 장치로 기획되기 시작했다. 현재를 살아가는 우리에게
여행이란 즐거움과 발견, 그리고 휴식이 더해진 sightseeing(관광)에 가깝겠다.

미드나잇 인 파리 *Midnight in Paris*

오웬 윌슨, 마리옹 꼬띠아르, 레이첼 맥아담스, 2012

글 · 그림 이지선

영화 '미드나잇 인 파리'는 시간 여행을 소재로 한 우디 앨런의 로맨틱 코미디 영화입니다. 오프닝 영상에는 우리가 파리에 여행을 온 듯한 파리다운 재즈 음악과 함께 아름다운 명소들이 펼쳐지죠. 영화를 보는 내내 낭만적인 파리의 모습에 빠져든답니다. 1920년의 파리의 모습과 로맨틱한 러브 스토리 그리고 당대 최고의 예술가들을 직접 만나보고 싶으신 분들이라면 상당히 흥미롭게 영화를 보실 수 있을 것입니다.

유명 할리우드 영화 시나리오 작가 '길'은 약혼녀 '이네즈'와 함께 파리로 여행을 왔습니다. 그는 1920년대 파리의 예술과 문학을 동경하고 있기에 이번 파리 여행에 남다른 애정을 느낍니다. 비 오는 파리의 낭만을 만끽하고 싶은 길과는 달리 쇼핑과 관광 등 파리의 화려함을 즐기려는 약혼녀 '이네즈'. 길은 이런 '이네즈'를 못마땅해합니다. 그러다 홀로 밤길을 걷던 어느 날 열두번의 종소리가 들리고 생테튀엔뒤몽드 성당 앞으로 정체불명의 구형 푸조 자동차가 나타납니다. 그 차를 타고 1920년대로 떠나게 되죠. 그곳에서 어니스트 헤밍웨이, 거트루드 스타인, 피카소, 콜 포터, 살바도르 달리, 폴 고갱 등 당대 최고의 예술가들을 직접 만나게 됩니다. 예술가들과 함께 파티를 즐기며 즐겁게 지내기도 하고, 헤밍웨이와 스타인에게 자신의 첫 소설을 평가받기도 합니다. 특히 자기 소설에 자신감이 없었던 길의 모습을 보고 헤밍웨이는 이렇게 조언해 주죠.

"다른 작가 의견은 필요 없어! 자넨 너무 겸손해. 남자답지 않아. 작가라면 자신이 최고라고 당당하게 말하라고!"

"다른 작가 의견은 필요 없어! 자넨 너무 겸손해. 남자답지 않아.
작가라면 자신이 최고라고 당당하게 말하라고!"

자신을 믿고 용기와 당당함을 가지라는 헤밍웨이의 말에 힘을 얻습니다. 헤밍웨이의 소개로 거트루드 스타인의 살롱에 갑니다. 그곳에서 우연히 피카소와 그의 연인 '아드리아나'를 만나게 되죠. 매혹적인 그녀의 모습을 보고 마음이 끌리게 됩니다. 알고 보니 아드리아나도 과거를 동경하는 여인이었죠. 그녀는 현재 살고 있는 1920년대를 따분하고 지루하게 느끼며

1800년대의 벨에포크 시대를 황금기라며 그리워하고 있었죠. 길과 비슷한 점이 많은 그녀와 대화하면 할수록 공감과 사랑의 감정을 느끼게 됩니다. 아드리아나와 길을 걷고 있던 어느 날 멀리서 마차 한 대가 다가옵니다. 두 사람은 마차를 타고 1890년의 막심 레스토랑에 도착하죠. 1920년에서 1890년의 파리로 가게 된 길은 이 신비로운 파리의 밤이 당황스러우면서도 감

"여기 머물면 여기가 현재가 돼요. 그럼 또 다른 시대를 동경하겠죠. 상상 속의
황금기를.. 현재란 그런 거예요. 늘 불만족스럽죠. 삶이 원래 그런 거니까."

격스럽습니다. 상상 속의 황금기에 온 아드리아나는 매우 황홀해하죠. 그곳에서 앙리 드 툴루즈 로트렉, 에드가 드가, 폴 고갱을 만납니다. 1890년에 살고 있는 이 예술가들은 지금의 삶이 공허하다며 르네상스 시대가 더 낫다고 말합니다. 그들에게 황금기는 르네상스 시대였죠. 도대체 황금기는 언제일까요? 2010년? 1920년? 1890년? 르네상스? 의견이 분분한 이분들 앞에 "나의 황금기는 언제일까?" 물어보게 되네요. 한편 아드리아나는 '길'에게 자신의 황금기인 1890년대에 함께 머물자고 제안합니다. 길은 그런 아드리아나를 보며 깨닫습니다. 상상 속의 황금기는 과거가 아니라 지금이라는 사실을….

"여기 머물면 여기가 현재가 돼요. 그럼 또 다른 시대를 동경하겠죠. 상상 속의 황금기를.. 현재란 그런 거예요. 늘 불만족스럽죠. 삶이 원래 그런 거니까."

현재의 삶을 불안하고 불만족스럽게 생각하고 과거를 황금기라 여기며 동경했던 자신을 돌아보며 행복은 지금, 여기서 찾아야 한다는 것을 말이죠. 아드리아나와 작별을 하고 2010년 현실로 돌아온 길은 사랑하지만, 늘 공허했던 약혼녀 '이네즈'가 몰래 바람피운 사실을 알게 되고 관계를 정리합니다. 착잡한 마음

으로 하루를 보내고 어둑어둑해진 밤 알렉산드로 3세 다리를 건너던 중 맞은편에서 걸어오는 가브리엘을 만나게 됩니다. 뜻밖의 만남에 서로 반가워하는 두 사람. 가브리엘은 골동품 가게 직원으로 영화 중간중간에 잠깐 등장합니다. 길은 이 가게에서 들려오는 콜 포터의 LP를 사며 잠깐의 대화를 나누었는데 짧은 대화에서 서로 공감대가 통한 여인이었죠. 스쳐 지나간 듯한 인연이 이렇게 다시 만나다니… 그때 때마침 자정을 알리는 종소리가 들리고요. 마치 둘의 만남을 축복해 주는 것 같습니다. 조금씩 비가 내리고 비를 맞는 가브리엘을 걱정하며 "비 맞아도 괜찮아요?" 하며 묻는 길에게 가브리엘은 괜찮다고 합니다.

"사실 파리는 비 올 때 제일 예뻐요!"

쿨하게 비를 맞겠다는 가브리엘, '나와 같은 생각을 하는 사람을 만나다니!' 가브리엘의 말을 듣자마자 매우 흥분하며 반가워합니다. 그렇게 파리에 내리는 비를 맞으며 걸어가는 두 사람의 뒷모습이 행복해 보입니다.

길과 가브리엘의 새로운 사랑을 축복하며, 1890년대 과거에 살고 있을 아드리아나는 행복하게 살고 있을지 궁금하군요.

"사실 파리는 비 올 때 제일 예뻐요!"

비포 선라이즈

BEFORE SUNRISE

에단 호크, 줄리 델피 1996

글 · 그림 이지선

"마치 꿈속의 세계에 들어와 있는 기분이 들어."
"그래, 이상해. 우리가 우리 시간의 주인인 것 같아.
난 네 꿈속에, 넌 내 꿈속에 들어와 있는 기분이야."

마치 꿈을 꾸고 있는 듯한, 아침이 오면 호박이 될 것 같은 마법 같은 시간을 보내고 있는 두 사람이 있습니다. 이번에 소개할 영화 '비포 선라이즈'는 판타지적인 소재를 다루고 있진 않지만, 판타스틱하고 로맨틱한 하루를 보내며 사랑을 시작하는 두 남녀에 대한 이야기입니다. 이들에게 평범했던 일상이 마법이 되는 순간은 낯선 여행지에서 운명적인 첫 만남이었습니다. 누구나 한 번쯤은 생각했을 여행지에서 운명적 만남! 사람들이 꿈꾸는 로망을 이 영화에서 달콤하게 담았습니다.

프랑스 여대생 셀린느와 미국인 청년 제시는 유럽 기차 안에서 우연한 첫 만남을 갖습니다. 목적지와 국적이 다른 두 사람이 호감을 느끼고 대화하게 된 계기는 기차 안에서 부부싸움을 하는 어느 독일인 부부의 험담으로 시작되었습니다. '부부가 왜 싸우고 있는가?'로 서로의 생각을 나누었고 그 후에도 휴게실로 자리를 옮겨 부족한 대화의 시간을 더 가지게 됩니다.

20대에 고민할 법한 꿈과 야망, 죽음 등 다양한 화젯거리로 대화가 통한 두 사람은 빈에 함께 내려 하루를 지내보기로 합니다. 아는 곳이 없고, 아는 사람이 없는 낯선 땅인 빈은 오로지 둘만이 서로를 집중할 수 있는 세상이 되었습니다. 뚜렷한 목적 없이 주어진 시간대로 흘러가는 대로 트램펄린을 타기도 하고 마을을 이 곳저곳 걸으며 둘의 대화는 끊임없습니다.

떠도는 여행이 그렇듯 예상치 못한 곳에서 우연히 만나는 환경적 요소들도 흥미롭습니다. 연극 배우, 점술가, 시인, 출산 춤을 추는 여인 등 예술인들에 이어 조르주 쇠라의 전시 포스터, 레코드 샵에서 들은 음악, 묘지, 놀이공원, 성당, 클럽, 오페라 극장 등 다양한 곳에서 데이트를 즐깁니다. 처음 만난 사이임에도 예술과 문화, 삶과 죽음, 가족과 사랑, 종교 등 다양한 장르를 넘나들며 자신의 인생 가치관과 철학에 대해 확고한 태도를 보입니다. 대화할수록 서로의 다른 매력에 빠져들지만 애써 외면한 채 솔직하지 못한 대화만 오고 갑니다. 밤길을 걷던 중 발견한 조르주 쇠라의 전시 포스터를 본 셀린느가 말합니다.

"쇠라의 그림에서 사람은 늘 환경에 일시적이야."

밤이 깊어져 갈수록 사랑도 깊어지는 이 시간이 꿈같이 행복하지만, 국적이 서로 다른 현실 앞에 일시적인 만남으로 이어지는 건 아닐지 내심 불안해하는 두 사람을 엿볼 수 있습니다. 셀린느는 할머니처럼 한평생 다른 사람을 마음속으로 그리워하며 사는 인생을 살고 싶지 않았고, 제시 또한 이혼한 부모님처럼 자신을 알면 알수록 상대방이 실망하게 될까 봐 두렵습니다. 이별의 시간이 다가올수록 혼란스러운 마음을 뒤로한 채 황홀한 밤을 보냅니다. 다음 날 아침, 마법은 풀리고 현실로 돌아왔습니다. 하지만 아직 유리 구두가 맞는지 안 맞는지 확인해보지 못했습니다. "커플이 오래 살수록 싫증을 느낄 거야."라는 말로 확인해보려는 제시의 말에 셀린느가 대답합니다.

"난 정반대일 것 같아. 난 상대에 대해 완전히 알게 될 때 정말 사랑에 빠질 것 같거든. 가르마를 어떻게 타는지, 이런 날은 어떤 셔츠를 입는지, 이런 상황에선 정확히 어떤 얘기를 할지 알게 되면... 난 그때야 비로소 그 사람을 사랑하게 될 거야."

기차역 앞, 이별이 시간이 급박해 오자 마침내 서로에게 솔직한 사랑 고백을 하게 되고 6개월 뒤 같은 장소에서 다시 만나기로 약속합니다. 꿈 같은 하루를 보낸 두 사람은 정말 다시 만나게 될까요? 아니면 가슴속에 추억의 남자, 여자로 남겨지게 될까요? 뒷이야기는 비포 선라이즈 후속작인 비포선셋 Before Sunset 에서 확인해보세요.

"난 상대에 대해 완전히 알게 될 때 정말 사랑에 빠질 것 같거든"

풍경에서 투시란?

사실적인 스케치가 아니더라도 입체와 원근을 표현하게 되는 어반스케치는 투시가 기본이 될 수밖에 없다.

■ 소실점 (사진의 빨간 점)

건물의 평행한 직선의 끝은 눈에서 멀어질수록 한 점에서 만나게 되는데 이 점을 소실점이라고 한다.
소실점은 대상의 원근과 크기를 나타내는데 아주 중요하다. 왼쪽의 사진처럼 모든 건물은 멀어질수록 크기가 줄고 간격이 좁아진다. 앞쪽 시야에서 시야의 끝을 향하는 선들이 투시선이다.

■ 1점 투시

바라보는 시선의 끝이 소실점이 되고,
시선의 이동과 함께 소실점도 이동.
한 개의 소실점으로 향하는 투시선을
제외하고는 나머지 선들은 모두
수직과 수평이다.
- 초보자들에게는 1점 투시로
시작하는 풍경이 연습하기에 좋다.

수직 ....
수평 ....
소실점 ●

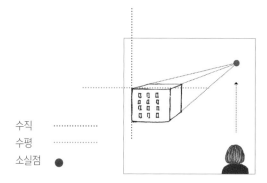

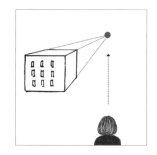

Three-Dimensional Picture

■ 2점 투시

대상의 모소리가 나의 시선위치가 되고 양옆으로 소실점을 두고 있다.
시선이 멀어질수록 평행선들(투시선)은 모두 소실점으로 향하고 있다.
(투시선을 제외하고는 모든 선은 수직선이다.)

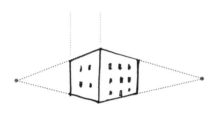

■ 3점 투시

3점 투시는 대상의 모소리에서 보는것이
2점 투시와 같지만 시선의 높이 영향을 받으며
윗면, 또는 아랫면이 보인다.
위, 아래면의 소실점이 추가되는 투시로
3개의 소실점을 가진다.

(3점 투시는 가장 입체적이고
현실적인 형태를 보인다.)

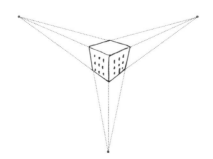
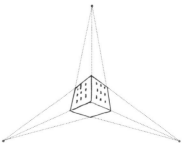

원두상사

- 여행편 -

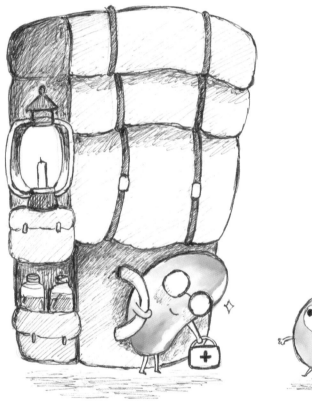

글 · 그림 김동미

Graphic Novel

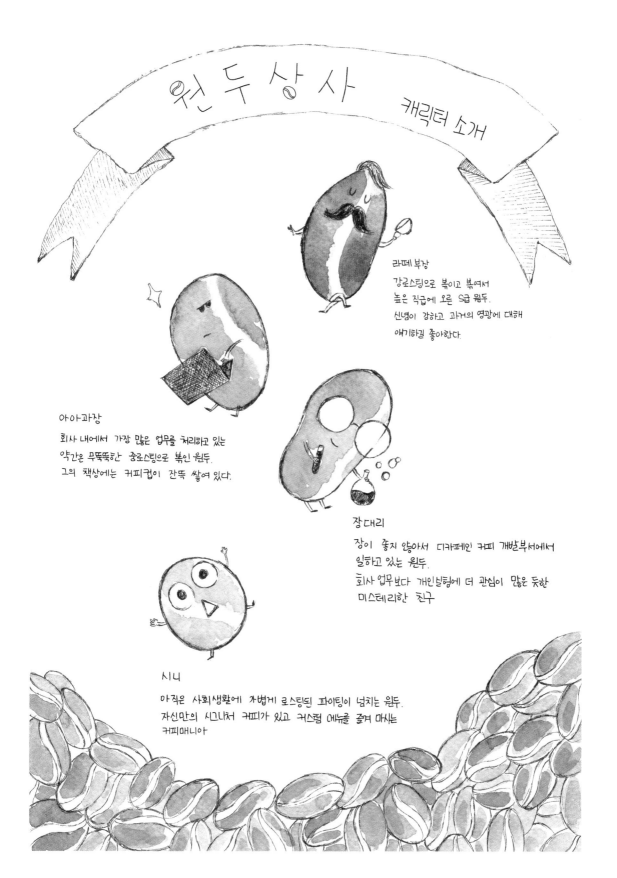

원두상사 캐릭터 소개

라떼 부장
강로스팅으로 볶이고 볶여서
높은 직급에 오른 S급 원두.
신념이 강하고 과거의 영광에 대해
얘기하길 좋아한다.

아아과장
회사 내에서 가장 많은 업무를 처리하고 있는
약간은 무뚝뚝한 중로스팅으로 볶인 원두.
그의 책상에는 커피컵이 잔뜩 쌓여 있다.

장대리
장이 좋지 않아서 디카페인 커피 개발부서에서
일하고 있는 원두.
회사 업무보다 개인빚험에 더 관심이 많은 듯한
미스테리한 친구

시니
아직은 사회생활에 가볍게 로스팅된 파이팅이 넘치는 원두.
자신만의 시그니처 커피가 있고 커스텀 메뉴를 즐겨 마시는
커피매니아

1. 떠나요 야유회

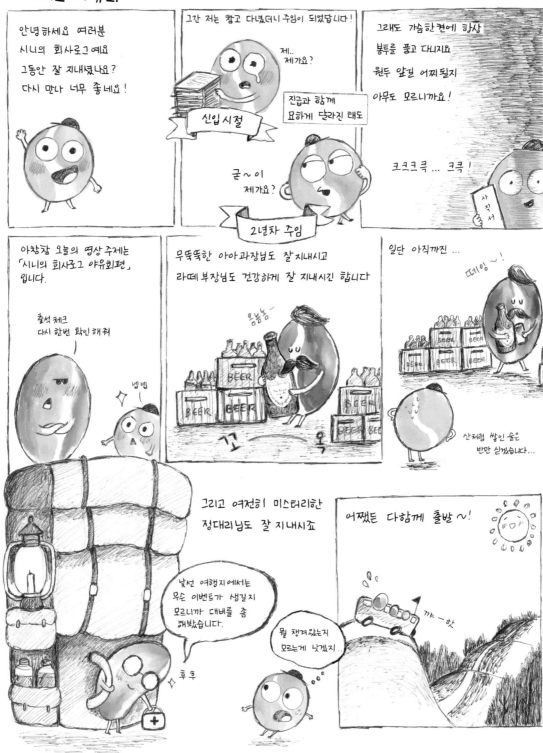

2. 여행의 필수코스, 휴게소

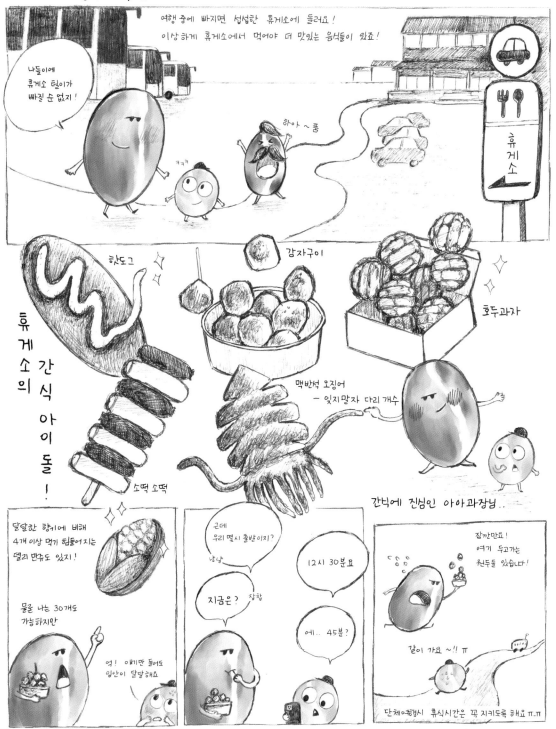

여행 중에 빠지면 섭섭한 휴게소에 들러요!
이상하게 휴게소에서 먹어야 더 맛있는 음식들이 있죠!

나들이에
휴게소 텀이가
빠질 순 없지!

ㅋㅋㅋ

하아 ~ 품

휴게소

휴게소의 간식 아이돌!

핫도그

감자구이

호두과자

소떡 소떡

맥반석 오징어
— 잊지말자 다리 개수

간식에 진심인 아아과장님..

달달한 향기에 비해
4개 이상 먹기 힘들어지는
델리 만쥬도 있지!

물론 나는 30개도
가능하지만

엌! 얘기만 들어도
입안이 달달해요

근데
우리 몇시 출발이지?

냠냠

지금은?

짭짭

12시 30분요

에.. 45분?

잠깐만요!
여기 두고가는
원두들 있습니다!

같이 가요 ~!! ㅠ

단체여행시 휴식시간은 꼭 지키도록 해요 ㅠ.ㅠ

3. 시니의 SNS

이동중 톰톰이 팔로워분들을 위해
일상을 업데이트 해줘야 합니다!
셀럽의 삶은 피곤한 법이죠!

4. 업무의 연장, 카페 맛집 투어

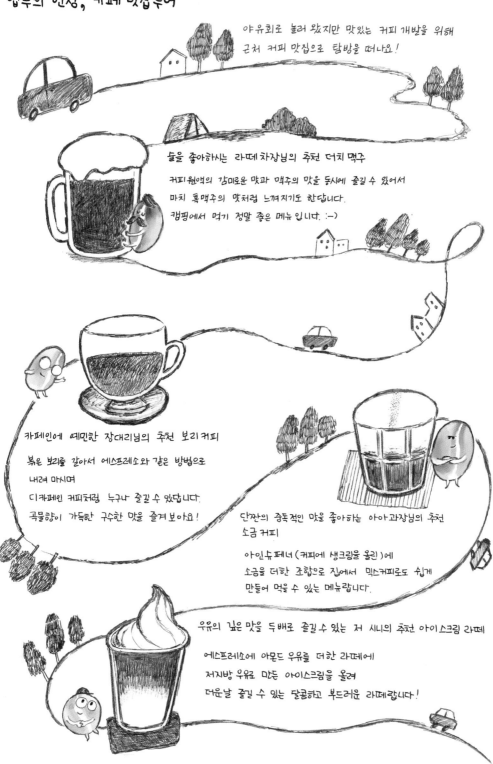

야유회로 놀러 왔지만 맛있는 커피 개발을 위해 근처 커피 맛집으로 탐방을 떠나요!

늘을 좋아하시는 라떼 차장님의 추천 더치 맥주

커피원액의 감미로운 맛과 맥주의 맛을 동시에 즐길 수 있어서 마치 흑맥주의 맛처럼 느껴지기도 한답니다. 캠핑에서 먹기 정말 좋은 메뉴입니다. :-)

카페인에 예민한 장대리님의 추천 보리커피

볶은 보리를 갈아서 에스프레소와 같은 방법으로 내려 마시며 디카페인 커피처럼 누구나 즐길 수 있답니다. 곡물향이 가득한 구수한 맛을 즐겨 보아요!

단짠의 중독적인 맛을 좋아하는 아아과장님의 추천 소금 커피

아인슈페너 (커피에 생크림을 올린)에 소금을 더한 조합으로 집에서 믹스커피로도 쉽게 만들어 먹을 수 있는 메뉴랍니다.

우유의 깊은 맛을 두배로 즐길 수 있는 저 시니의 추천 아이스크림 라떼

에스프레소에 아몬드 우유를 더한 라떼에 저지방 우유로 만든 아이스크림을 올려 더운날 즐길 수 있는 달콤하고 부드러운 라떼랍니다!

5. 야외 보물 찾기

6. 야유회의 밤

짜 —— 안 ☆

야유회의 밤을 위하여 - !

다함께 둘러 앉아 있으니 좋군요 !
막내 사원의 노래부터 들어봅시다 ! ~!
모두 큰 박수 부탁드립니다 ~!

짝 짝 짝 짝 ~

안녕하세요
개발 1팀 새싹 원두입니다 ~
잘 부탁드립니다

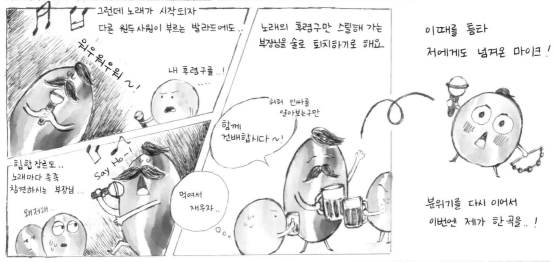

그런데 노래가 시작되자
다른 원두 사원이 부르는 발라드에도 ..

노래의 후렴구만 스틸해 가는
부장님을 술로 퇴치하기로 해요

내 후렴구를 ..!
....

허허 인싸를 알아보는구만

함께 건배합시다 ~!

힘찬 창르도 ..
노래마다 족족
참견하시는 부장님 ...

Say Ho~!

왜저래

먹여서
재우자 ..

이때를 틈타
저에게도 넘겨온 마이크 !

분위기를 다시 이어서
이번엔 제가 한 곡을 ..!

부르려고 했는데 ...

뒷정리는 살아남은 원두의 몫이 되었군요
여울하지만 전 괜찮아요 여러분!

칫
자신 있었는데

야유회의 밤은 이렇게 끝나지만
우리 다음 만날때까지 잘 버텨봐요~!

그럼 이만
「시니의 회사 브이로그 야유회편」을
마칠게요

제 노래는 SNS에
업로드 할거요~!

또 만나요 ~!

세계의 미술관을 그림으로 여행하다.

그림으로 만나는
세계의 미술관

출간 : 2023년 12월 1일
구성 : 양장제본, 150 x 210, 160쪽
그림 : 오정순, 박유선, 이지선, 이미아
　　　숙헌, 서준, 유민정, 김정미

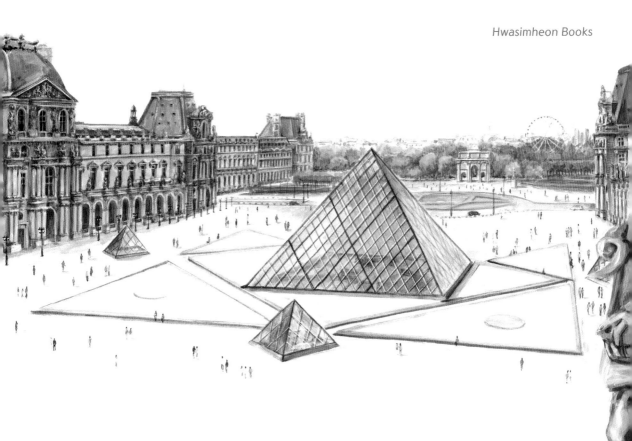

이 책은 세계의 아름다운 미술관 65곳을 그림으로 그린 책이다.
8명의 일러스트레이터가 이번 미술관 프로젝트에 참여하여 그림을 그렸다.

미술관은 과거와 현재를 이어주는 문이다.
그 문을 열고 안으로 들어가면 우리는 우리가 좋아하는 수많은 화가를 만날 수 있다.
레오나르도 다빈치와 미켈란젤로, 고흐와 고갱, 피카소와 마티스
그들은 과거 서로 질투하고 경쟁했지만 지금은 모두 미술사의 중요한 자리에 올라 있다.
마찬가지로 미술관들도 과거의 역사에서 서로 치열하게 경쟁했었다.
하지만 오늘날 미술관들은 각자 자신들만의 고유한 색을 가지고
현재의 사람들을 기다리고 있다.

제로 웨이스트 여행
zero waste travel

글 · 그림 박유선

그래, 이번 여행은 제로 웨이스트야!!

평소 환경에 관심이 많았지만, 여행을 갈 때 발생하는 쓰레기는 어쩔 수 없다고 생각했어요.
그런데 여행을 준비하면서 제로 웨이스트로 여행하기가 관심을 얻고 있다는 기사를 보고
우리의 이번 여행은 제로 웨이스트로 준비하기로 했습니다.
이번 여행은 캠핑으로 준비하기로 했는데 과연 가능할까 걱정도 되었지만, 오히려 캠핑이니까
준비하기 쉬울 수 있겠다고 생각했습니다.

나와 지구가 행복해지기 위한 '제로 웨이스트 여행' 당연하지만 거창하게 시작해 봅니다.
제로 웨이스트 여행에서 가장 중요한 것이 무엇일까요? 저는 쓰레기 만들지 않기부터
체크하기 시작했습니다.

1. 일회용품은 없다고 생각하고 준비하기

일회용 위생 팩과 그릇은 없다고 생각하고 준비를 시작합니다.
음식 재료를 다회용기에 담기!! 텀블러 준비도 필수.
깨질 수 있는 그릇은 에어캡 대신 종이 완충재로 포장합니다.

2. 포장 없이 장보기

캠핑을 가게 되면 그 지역 시장 꼭 둘러보게 돼요. 캠핑장 특성상 시외에 있으니 지역 농산물을 싸고 신선하게 사게 되니 생각만 해도 설레요. 장바구니도 넉넉히 챙깁니다.

야채는 포장 없이 사고, 준비해 온 나무 도시락에는 밑반찬을 담아 받았어요.

3. 여행지에서도 손수건 사용하기

휴지나 물티슈를 준비하는 데서 약간 주춤했어요. 하지만 플라스틱 소재인 물티슈는 썩는 데만 수백 년이 걸리니 손수건을 챙깁니다. 여행이니 이왕이면 꽃무늬로.

4. 개인용품은 재사용 용품으로

세면도구는 공병에 덜어서 준비합니다. 사실 이 부분은 꾸준히 실천해 오고 있었어요. 습관이 되면 어렵지 않아요. 숙소가 있는 여행을 갈 때도 어매너티는 사용하지 않겠다고 미리 말씀드리고 준비해 간 용품을 이용해요.

5. 가지고 있는 것들 사용하기

제로웨이스트 여행을 준비한다고 하면서 추천 용품을 구매하려고 검색하고 있는 나의 모습에 깜짝 놀랐어요. 생각해 보니 여행을 준비할 때마다 구매 목록이 가득가득했던 것 같아요. 이것저것 구매하기보다 여행에 집중하며 설렘을 준비합니다.

6. 에너지 절약하기

나는 이미 모든 비용을 지불했지만, 여행지의 물과 전기 에너지를 아껴 쓰는 것도 중요해요. 환경을 생각해서 최대한 낭비하지 않도록 해요. 일상생활의 습관이 연결되겠죠.

MAGAZINE **DRAW.**
Volume 2

발행인 Publisher 오동규 · **편집장** Editor in Chief 오정순

에디터 Editor 숙헌 · 김동미 · 치옹타옹 · 서준 · 라미 · 박유선 · 이지선
편집디자인 Editorial Design 김진형 · 이소영 · **마케팅** Marketing 김현우

발행 Publishing 2023년 11월 28일 초판 1쇄 발행

도서출판 화심헌 출판등록일 2019년 5월 21일
부산시 해운대구 해운대로 383번길 7, 1층 화심헌
제휴문의 sketchmind5@naver.com T. 051 731 1517

ISSN 2951-0252
ISBN 979-11-968381-7-1 03070

www.busanillust.com
instagram @magazine_draw

다음에 발행되는 3호의 주제는 **식물**입니다.

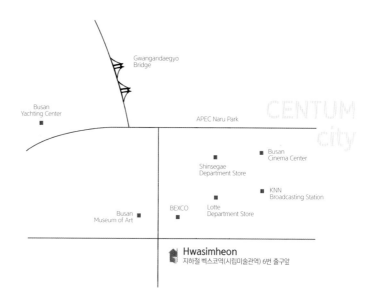

"**화심헌**은 부산의 일러스트 문화를 이끌어갑니다."